Reinhard Bauer | Anna Raith | Sabine Albert (Hrsg.)
Die Kunst des Unterrichtens im Berufseinstieg

Reinhard Bauer | Anna Raith |
Sabine Albert (Hrsg.)

Die Kunst des Unterrichtens im Berufseinstieg

Praxisorientierte Didaktik für Lehrer*innen an Berufsschulen und Lehrer*innen der Fachtheorie und Fachpraxis an berufsbildenden mittleren und höheren Schulen

BELTZ JUVENTA

Die Autor:innen

HS-Prof. Dr. Reinhard Bauer ist ein Experte für Didaktisches Design und Bildungstechnologien. Er ist Hochschulprofessor für Unterrichtswissenschaften an der Pädagogischen Hochschule Wien und leitet dort das Institut Sekundarstufe Berufsbildung.

Anna Raith ist Teamleiterin für Berufs- und Erwachsenenbildung an der Arbeiterkammer Wien.

HS-Prof.in Dr.in Sabine Albert ist Hochschulprofessorin für Berufsbildung mit Schwerpunkt Diversität an der Pädagogischen Hochschule Wien. Ihre Forschung und Lehre fokussieren auf inklusives Lehren und Lernen, insbesondere auf die Förderung einer respektvollen Haltung, die aktive Partizipation von Lernenden und innovative didaktische Ansätze.

Die vorliegende Publikation wurde mit finanzieller Unterstützung durch die Kammer für Arbeiter und Angestellte für Wien realisiert.

AK WIEN

Dieses Buch ist erhältlich als:
ISBN 978-3-7799-9096-3 Print
ISBN 978-3-7799-9097-0 E-Book (PDF)
DOI 10.3262/978-3-7799-9097-0

1. Auflage 2025

Verlagsgruppe Beltz
Werderstraße 10, 69469 Weinheim
service@beltz.de

Satz: Helmut Rohde, Euskirchen
Druck und Bindung: Beltz Grafische Betriebe, Bad Langensalza
Beltz Grafische Betriebe ist ein Unternehmen mit finanziellem Klimabeitrag (ID 15985-2104-1001)
Printed in Germany

Weitere Informationen zu unseren Autor:innen und Titeln finden Sie unter: www.beltz.de

Inhalt

Vorwort Kammer für Arbeiter und Angestellte für Wien

Quereinsteiger*innen in den Pädagog*innenberuf sind heute wichtiger denn je, um die Schüler*innen auf die späteren Herausforderungen in der Berufswelt vorzubereiten. Sie nehmen insbesondere in der beruflichen Bildung durch ihre fachliche Expertise einen zentralen Stellenwert in der Vermittlung von Praxiskompetenzen, der Berufsorientierung und der Berufsmotivation ein. Daher ist es für die Arbeiterkammer (AK) besonders wichtig, den Quereinsteiger*innen in diesem Feld Unterstützungsmaterial an die Hand zu geben und mit Serviceangeboten beiseitezustehen, um ihren Einstieg als Lehrpersonen in den Schulalltag zu erleichtern. Es freut mich besonders, dass es mit dieser Publikation erstmals einen Leitfaden für den fachpraktischen und fachtheoretischen Unterricht an Berufsschulen und berufsbildenden mittleren und höheren Schulen gibt.

Hervorzuheben ist, dass in dieser Broschüre die Herausforderungen und Fragestellungen der Allgemeinen Didaktik nicht nur theoretisch behandelt, sondern verständlich und praxisnah durch Fallbeispiele und Mini-Dialoge veranschaulicht werden. Die Leser*innen sind herzlich eingeladen, sich auf eine Lernreise zu begeben, die ihre persönliche und berufliche Entwicklung als Pädagog*in fördert und bereichert. Dieser Leitfaden soll ab dem ersten Tag in der Klasse ein Begleiter für Sie werden und ich hoffe, dass diese Publikation eine wertvolle didaktische Unterstützung bietet.

Für die AK steht Bildung nicht nur für die bloße Weitergabe von Wissen. Bildung bedeutet auch, die Persönlichkeitsentwicklung von jungen Menschen zu begleiten und die Entfaltung unterschiedlicher Begabungen zu ermöglichen. Dies trifft insbesondere auf den praktischen Unterricht zu, in dem das Tun im Mittelpunkt steht und Schüler*innen auf den Berufsalltag vorbereitet werden. Bildung befördert im Sinne der AK auch das kritische Hinterfragen der gesellschaftlichen Gegebenheiten sowie die aktive Teilhabe am gesellschaftlichen Leben. Für die Arbeitnehmer*innenbewegung ist Bildung daher zentral, um einen Beitrag zur gesellschaftlichen Veränderung und zu sozialem Fortschritt zu leisten. Die Pädagog*innen sind jene Personen, die diese Entwicklung in den Schüler*innen vorantreiben können. Die AK freut sich, Sie dabei unterstützen zu können.

Renate Anderl
Präsidentin der Kammer für Arbeiter und Angestellte für Wien

Vorwort Rektorat der Pädagogischen Hochschule Wien

Die vorliegende Publikation mit dem Titel „Die Kunst des Unterrichtens im Berufseinstieg", die in bewährter Zusammenarbeit zwischen der Pädagogischen Hochschule Wien und der Arbeiterkammer Wien entstanden ist, richtet sich an Berufseinsteiger*innen im Bereich der Berufsschulen, berufsbildenden mittleren und höheren Schulen. Es handelt sich dabei um einen Didaktik-Leitfaden für Lehrpersonen fachpraktischer und fachtheoretischer Unterrichtsgegenstände, die in der herausfordernden Anfangszeit ihrer Lehrtätigkeit Orientierung suchen und ihren Unterricht von Beginn an bewusst gestalten möchten. Der Leitfaden bietet strukturierte, vertiefende Anregungen für die eigene Unterrichtsgestaltung und begleitet Berufseinsteiger*innen auf ihrem professionellen Weg.

Ein Didaktik-Leitfaden ist mehr als nur eine Sammlung von Tipps – er ist ein praxisorientierter Kompass für den Berufsstart. Er unterstützt Lehrpersonen dabei, Lehr-Lern-Prozesse systematisch zu planen, reflektiert umzusetzen und kontinuierlich weiterzuentwickeln. Im Mittelpunkt steht die Frage, wie Kompetenzen gefördert werden können, wie Motivation geweckt und Lernende in ihrer Entwicklung unterstützt werden können. Der Leitfaden liefert Antworten, stellt Fragen und eröffnet Spielräume zur individuellen Gestaltung.

Wichtig ist dabei die Verbindung von Theorie und Praxis. Statt starrer Vorgaben finden sich im Leitfaden erprobte Methoden, konkrete Beispiele und Reflexionsimpulse, die direkt im Unterricht umgesetzt werden können. Unterschiedliche Anforderungen in verschiedenen Bildungskontexten erfordern flexible Herangehensweisen – und genau hier setzt der Leitfaden an: als Werkzeugkasten, Inspirationsquelle und Begleitung. Damit soll auch der Mut, neue Lehr-Lern-Settings zu erproben, gefördert werden. Ziel ist ein gelingender Unterricht für die Schüler*innen an Berufsschulen und berufsbildenden mittleren und höheren Schulen.

Ergänzend zur Printversion wurde ein digitales Didaktik-Wiki entwickelt, betrieben von den Lehrenden des Instituts Sekundarstufe Berufsbildung an der Pädagogischen Hochschule Wien. Dieses Wiki dokumentiert und teilt Unterrichtskonzepte, -sequenzen und -materialien, die von Studierenden im Rahmen von Lehrveranstaltungen entwickelt wurden.

In einer Zeit, in der Bildung eine noch nie dagewesene rasante Veränderung erlebt, ist es entscheidend, sich als Lehrkraft nicht nur fachlich, sondern auch didaktisch und methodisch weiterzubilden.

Als Vizerektor, der für das Institut Sekundarstufe Berufsbildung zuständig ist, danke ich dem Institutsleiter Reinhard Bauer und seinem Team für die Entwicklung und Umsetzung dieses innovativen Didaktik-Leitfadens. Er möge den Berufseinsteiger*innen von Beginn ihrer Lehrtätigkeit an ein wertvoller Begleiter auf dem Weg zu gutem, wirksamem und lebendigem Unterricht sein.

HS-Prof. Mag. Dr. Norbert Kraker
Vizerektor für Hochschulentwicklung, Forschung und Internationalisierung sowie Berufsbildung und Schulentwicklungsberatung, PH Wien

Vorwort Pädagogische Hochschule Zürich

Angehende Lehrer*innen stehen zu Beginn ihrer Unterrichtstätigkeit vor großen Herausforderungen. Einerseits gibt es eine Vielzahl an didaktischer Literatur, die theoretisches Wissen vermittelt. Andererseits fehlen oft praxisnahe Einführungen mit konkreten Handlungshinweisen. Dieses Buch soll genau diese Lücke füllen und Antworten auf praktische Fragen des Unterrichtsalltags geben: Wie bereite ich mich vor? Wie schaffe ich eine kooperative Lernatmosphäre? Wie schreibe ich am Ende einer Unterrichtseinheit eine gute Prüfung?

Unterricht ist nicht nur ein theoretisches Problem, sondern erfordert auch didaktisches Können und pädagogische Erfahrung. Die Autor*innen schöpfen aus ihrer langjährigen Praxis und bieten pragmatische Lösungen für alltägliche Unterrichtsprobleme. Das Buch begleitet die Leser*innen von der Vorbereitung des ersten Unterrichts bis zur Gestaltung des Abschlusses und bietet eine „Didaktik zum Anfassen", die Mut und Sicherheit im Unterricht vermittelt.

Ich wünsche Ihnen viel Erfolg und Freude beim Lesen und Umsetzen der Anregungen.

Prof. Dr. Christoph Städeli
Leiter der Abteilung Sekundarstufe II Berufsbildung, PH Zürich

Vorwort und Dank der Herausgeber*innen

Lehrer*innen an Berufsschulen sowie Lehrkräfte für Fachtheorie und Fachpraxis an berufsbildenden mittleren und höheren Schulen absolvieren ihre Lehramtsausbildung an Pädagogischen Hochschulen. Diese erfolgt berufsbegleitend während der ersten Dienstjahre parallel zum Unterricht an der Schule.

Bereits vor dem offiziellen Schulstart nehmen die angehenden Lehrer*innen an zwei Einführungswochen an den Pädagogischen Hochschulen teil. In diesem Rahmen werden ihnen grundlegende fachliche und didaktische Inhalte vermittelt. Ihre praktische Tätigkeit als Lehrkraft beginnt in der Regel mit dem ersten Schultag nach den Sommerferien, ab diesem Zeitpunkt stehen sie eigenverantwortlich vor ihren Schüler*innen.

Genau an diese Zielgruppe richtet sich der vorliegende praxisorientierte Didaktik-Leitfaden. Während die Einführungswochen darauf abzielen, in komprimierter Form zentrale Grundlagen für den Unterrichtsalltag zu vermitteln, soll dieser Leitfaden darüber hinausgehende, strukturierte und vertiefende Anregungen bieten. Ziel ist es, Neulehrer*innen bei der Planung, Durchführung, Reflexion und Evaluation von Lehr-Lern-Prozessen zu unterstützen. Im Fokus stehen didaktische Prinzipien und Methoden, die eine effektive Wissensvermittlung sowie die Förderung von Kompetenzen bei den Lernenden ermöglichen.

Die Kunst des Unterrichtens umfasst weit mehr als das reine Vermitteln von Wissen. Sie besteht darin, eine inspirierende, motivierende und unterstützende Lernumgebung zu gestalten. Diese Fähigkeit ist keine angeborene Eigenschaft, sondern eine professionelle Kompetenz, die durch Auseinandersetzung, Übung und kontinuierliche Weiterentwicklung erworben werden kann. Auch wenn manche Menschen eine natürliche Begabung für das Lehren mitbringen, so bedarf es dennoch einer fundierten Beschäftigung mit didaktischen Konzepten, Unterrichtsmethoden und einer feinfühligen Anpassung an die Bedürfnisse der Lernenden.

Unterrichten ist eine ebenso faszinierende wie herausfordernde Aufgabe. Sie verlangt nicht nur fachliche Expertise, die die angehenden Lehrkräfte im Bereich der Berufsbildung bereits mitbringen, sondern auch Kreativität, Einfühlungsvermögen und pädagogisches Feingefühl. Dieser Leitfaden versteht sich als unterstützendes Werkzeug, das Lehrpersonen dabei hilft, ihre Unterrichtspraxis weiterzuentwickeln und zu bereichern. Indem er zentrale Aspekte des Lehrens beleuchtet und bewährte didaktische Zugänge aufzeigt, möchte er dazu anregen, Lehr-Lern-Prozesse aktiv und wirkungsvoll zu gestalten und das Lernen für alle Beteiligten zu einem motivierenden, sinnstiftenden Erlebnis zu machen.

Das vorliegende Buch ist als Wegweiser und kompaktes Nachschlagewerk konzipiert, mit dem Ziel, die Freude an der Kunst des Unterrichtens zu wecken und zu stärken.

Dank

An dieser Stelle bedanken wir uns vielmals bei Christoph Städeli, dem Leiter der Abteilung Sekundarstufe II Berufsbildung an der Pädagogischen Hochschule Zürich. Eine seiner Publikationen hat uns zur Idee inspiriert, diesen Didaktik-Leitfaden für Neulehrer*innen zu verfassen.

Unser Dank gilt ebenso dem Rektorat der Pädagogischen Hochschule Wien, im Besonderen Herrn Vizerektor Norbert Kraker für die Förderung unserer Arbeit, und allen Autor*innen, die mit ihren Beiträgen maßgeblich zur Entstehung dieser Publikation beigetragen haben.

Darüber hinaus danken wir all jenen, die mit ihrem Engagement zur Umsetzung dieses Buches beigetragen haben: den berufsbegleitenden Studierenden der Pädagogischen Hochschule Wien für ihr wertvolles Feedback zur praktischen Anwendbarkeit des Leitfadens, Frau Natalie Schmelzer für das professionelle Lektorat sowie die Organisation der Druckvorbereitung der Beiträge bei Beltz Juventa, und nicht zuletzt der Arbeiterkammer Wien, deren finanzielle Unterstützung die Veröffentlichung erst möglich gemacht hat.

Wien, im Mai 2025
Reinhard Bauer, Anna Raith & Sabine Albert

Einleitung

Reinhard Bauer, Anna Raith, Sabine Albert

Unsere heutige Bildungslandschaft erfordert von Quereinsteiger*innen in den Pädagog*innenberuf nicht nur fachliche Expertise, sondern von Anfang an auch umfassende didaktische Kompetenzen, um effektiven Unterricht zu gestalten. Diese Publikation richtet sich – wie im Vorwort und Dank der Herausgeber*innen erwähnt – an Personen, die ein professionsbegleitendes Lehramtsstudium absolvieren und sich auf ihren Berufseinstieg vorbereiten und einen kompakten Leitfaden für die Umsetzung didaktischer Prinzipien in den fachtheoretischen, fachpraktischen, allgemeinbildenden und betriebswirtschaftlichen Unterrichtsgegenständen der Berufsbildung suchen.

Die Herausforderungen und Fragen der Allgemeinen Didaktik, denen sich das vorliegende Buch widmet, werden in den zwei Einführungswochen nur angerissen und kommen auch im Studium erst später vor. Als Quereinsteiger*innen steht diese Gruppe von Lehrer*innen ab dem ersten Schultag in einer Klasse und es hängt von ihnen ab, wie der Unterricht verläuft und was die Schüler*innen lernen werden.

Dieser Didaktik-Leitfaden soll professionsbegleitend studierenden Lehrpersonen dabei helfen, ihre didaktischen Fähigkeiten zu entwickeln, und ihnen einen erfolgreichen Start in ihren Beruf ermöglichen. Er dient als wertvolles Nachschlagewerk und Begleiter für den gesamten Berufsweg und lädt dazu ein, die vielfältigen Facetten der Allgemeinen Didaktik zu entdecken und aktiv im Unterricht umzusetzen.

In Österreich gibt es derzeit keine entsprechende Handreichung für Quereinsteiger*innen in das Lehramt Sekundarstufe Berufsbildung. Es gibt zwar Buchveröffentlichung zu dem Thema (vgl. u. a. Keller-Schneider, 2022; Böhmann, 2020; Röbe, Aicher-Jakob & Seifert, 2019), die allerdings nicht eins zu eins auf die Situation in Österreich übertragbar (vgl. Städeli et al., 2022), zu umfassend und für professionsbegleitend studierende Lehrpersonen in den fachtheoretischen und fachpraktischen sowie allgemeinbildenden und betriebswirtschaftlichen Unterrichtsgegenständen der Berufsbildung nicht wirklich adäquat sind.

Vor diesem Hintergrund haben wir uns dazu entschlossen, die Didaktik-Expertise der Mitarbeiter*innen des Instituts Sekundarstufe Berufsbildung (I:SBB) an der Pädagogischen Hochschule Wien mit den Service-Angeboten der Arbeiterkammer Wien zu verbinden, die im Rahmen der Initiative „Arbeitswelt & Schule“ ein breites, praxiserprobtes Bildungsangebot für Lehrkräfte bereitstellt. Die Arbeiterkammer Wien unterstützt mit Materialien, Workshops und Hintergrundinformationen insbesondere die schulische Vermittlung von Themen wie Berufsorientierung, Wirtschafts- und Arbeitswelt sowie politischer Bildung. Diese Angebote tragen wesentlich dazu bei, gesellschaftlich relevante Fragestellungen schülergerecht und praxisnah im Unterricht zu behandeln. Im vorliegenden Buch werden beide Perspektiven – die didaktische Theorie und die praktische Bildungsarbeit – gebündelt, um Neulehrer*innen im Bereich der Berufsbildung eine umfassende Unterstützung beim Einstieg in die Berufspraxis zu bieten. Die enge Zusammenarbeit zwischen der Pädagogischen Hochschule Wien und der Arbeiterkammer Wien ermöglicht es, theoretisch fundierte Inhalte mit konkreten, erprobten Materialien und Anwendungsbeispielen zu verknüpfen, für einen gelungenen Start in die Kunst des Unterrichtens.

Um die Verbindung von Theorie und Praxis für Berufseinsteiger*innen möglichst anschaulich und handlungsorientiert zu gestalten, wurde ein didaktisches Konzept entwickelt, das jedem Kapitel zugrunde liegt: Jedes Kapitel folgt einem einheitlichen, praxisnahen Aufbau, der Theorie und konkrete Unterrichtserfahrungen eng miteinander verknüpft. Den Ausgangspunkt bildet jeweils ein Fallbeispiel, das eine realitätsnahe Unterrichtssituation beschreibt. Diese einleitende Szene enthält bereits zentrale Aspekte des jeweiligen Themas, die im weiteren Verlauf des Kapitels systematisch aufgegriffen, analysiert und theoretisch fundiert erläutert werden. Ein besonderes Merkmal dabei sind die Mini-Dialoge, die sich durch jedes Kapitel ziehen. In ihnen begegnen sich zwei fiktive Lehrpersonen: eine Neulehrkraft, die exemplarisch für die Herausforderungen des Berufsstarts steht, und eine*ein erfahrene*r Kolleg*in, die*der begleitend zur Reflexion anregt und fundierte Hinweise zur Weiterentwicklung der eigenen Praxis gibt. So etwa in Kapitel 1 Thomas Gruber, ein Quereinsteiger im Berufsschulbereich, der gemeinsam mit Anna Meier, einer erfahrenen Lehrerin, typische Situationen aus dem Schulalltag durchdenkt. Ihre Gespräche greifen zentrale Inhalte des jeweiligen Kapitels auf und helfen dabei, abstrakte Konzepte in konkrete Handlungsmöglichkeiten für den Unterricht zu übersetzen.

Die Mini-Dialoge beleuchten einzelne Herausforderungen, etwa im Umgang mit Störungen, bei der Planung von Lernprozessen oder im Beziehungsaufbau zu Lernenden, und zeigen exemplarisch, wie theoretische Konzepte in der Praxis Anwendung finden können. Ergänzend enthalten die Kapitel Literaturtipps zur weiteren Vertiefung in die Themen und Reflexionsfragen sowie konkrete Anmerkungen, was sich aus den dargestellten Situationen für die eigene Unterrichtsgestaltung ableiten lässt.

Den Abschluss jedes Kapitels bildet ein zusammenfassendes Fallbeispiel, das aufzeigt, wie eine ähnliche Unterrichtssituation nach Analyse, Reflexion und professioneller Weiterentwicklung auch anders, möglicherweise erfolgreicher, gestaltet werden kann. Dadurch entsteht eine strukturierte Lernschleife: vom ersten Erkennen über das Verstehen und Reflektieren hin zur Anwendung und Verbesserung.

Die Namen, das Geschlecht und die Fächer der handelnden Personen variieren bewusst von Kapitel zu Kapitel. Dies soll die Vielfalt schulischer Kontexte widerspiegeln und die Identifikation für Leser*innen unterschiedlicher Herkunft, Fachrichtungen und Ausbildungswege erleichtern.

Insgesamt zielt dieser Aufbau darauf ab, didaktisches Wissen nicht nur theoretisch zu vermitteln, sondern über anschauliche, narrative Elemente erfahrbar zu machen und damit die Reflexionsfähigkeit und Handlungskompetenz von Neulehrer*innen systematisch zu fördern.

Der Einstieg in den Lehrberuf ist zugleich herausfordernd und bereichernd, eine Phase voller neuer Erfahrungen, Fragen und Entwicklungsmöglichkeiten. Dieses Buch möchte seine Leser*innen v.a. in den ersten Wochen als Pädagog*innen auf ihrer persönlichen *Lernreise in die Kunst des Unterrichtens* begleiten. Um die Lernreise individuell zu gestalten, beginnt das Buch mit einer Selbsteinschätzung, die dazu dient, den aktuellen Stand zu reflektieren und gezielt jene Themenbereiche zu identifizieren, die für die eigene professionelle Weiterentwicklung besonders relevant sind. Als eine Art interaktives Inhaltsverzeichnis unterstützt diese Checkliste dabei, Schwerpunkte zu setzen, bewusst zu navigieren und Schritt für Schritt den eigenen professionellen Weg als Lehrkraft zu gestalten.

Ergänzend zur Printversion dieses Buches wurde ein digitales *DidaktikWiki* ins Leben gerufen, das vom Institut Sekundarstufe Berufsbildung (I:SBB) an der Pädagogischen Hochschule Wien betrieben wird. Ziel dieses Wikis ist es, Unterrichtskonzepte, -sequenzen und -materialien, die im Rahmen von Lehrveranstaltungen von Studierenden entwickelt wurden, zu dokumentieren, zugänglich zu machen und nachhaltig nutzbar zu gestalten.

Das *DidaktikWiki* versteht sich als kooperatives und wachsendes Wissensarchiv, das die Brücke zwischen Ausbildung und Schulpraxis schlägt. Die dort veröffentlichten Beiträge orientieren sich an einer gemeinsamen didaktischen Struktur und bieten klar aufgebaute Unterrichtseinheiten, Szenarien und fachdidaktische Konzepte für verschiedene Berufsbildungskontexte. Alle Einträge sind praxisnah aufbereitet und beinhalten Planungsraster, Handreichungen sowie Kompetenzchecks für den unmittelbaren Einsatz im Unterricht.

Neben der Bereitstellung bewährter Beispiele lädt das Wiki auch zur aktiven Mitgestaltung ein: Lehrpersonen und Studierende sind eingeladen, bestehende Beiträge zu kommentieren, weiterzuentwickeln oder eigene Ideen beizusteuern. Auf diese Weise soll ein gemeinsamer Raum für kollegialen Austausch und didaktische Weiterentwicklung entstehen, und zwar mit dem Ziel, den Transfer von innovativen Unterrichtsideen aus der Theorie direkt in die Praxis zu fördern und gleichzeitig von der Expertise erfahrener Lehrkräfte im Bereich der Sekundarstufe Berufsbildung zu profitieren.

Um auf das *PH Wien DidaktikWiki Sekundarstufe Berufsbildung* zuzugreifen, genügt es, den QR-Code in Abbildung 1 zu scannen. Er führt direkt zur Online-Plattform mit sämtlichen Materialien und Beiträgen.

Abbildung 1: QR-Code PH Wien DidaktikWiki Sekundarstufe Berufsbildung (https://didaktikwikisekbb.phwien.ac.at/index.php/Hauptseite)

Literatur

Böhmann, M. (2020). *Das Quereinsteiger-Buch: So gelingt der Start in den Lehrerberuf.* Beltz.

Keller-Schneider, M. (2022). *Impulse zum Berufseinstieg von Lehrpersonen: Grundlagen – Erfahrungsberichte – Reflexionsinstrumente.* hep.

Röbe, E., Aicher-Jakob, M. & Seifert, A. (2019). *Lehrer werden – Lehrer sein – Lehrer bleiben: Ein Praxisbuch zur Professionalisierung.* UTB.

Städeli, C., Venutti, D., Rossetti, D. & Caduff, C. (2022). *Didaktik für den Unterrichtsalltag: Ein Praxisbuch für den Berufseinstieg.* hep.

Anleitung für den Umgang mit dem Buch

Reinhard Bauer, Anna Raith, Sabine Albert

Schlagworte

Reflexion, Kompetenzeinschätzung, Entwicklungsbedarf, individueller Lernpfad

Orientierung

Um Ihren individuellen Lernpfad durch das Buch gezielt zu gestalten, können Sie zu Beginn die folgende Selbsteinschätzung nutzen. Die Checkliste hilft Ihnen, Ihre aktuellen Kenntnisse und Kompetenzen einzuschätzen und herauszufinden, in welchen Bereichen Sie bereits sicher sind und wo Sie noch vertiefende Auseinandersetzung benötigen. Ihre Antworten ermöglichen es Ihnen, gezielt jene Kapitel zu bearbeiten, die für Ihre persönliche Entwicklung als Lehrkraft besonders relevant sind.

Leitfragen

1. Wo stehe ich aktuell in Bezug auf meine didaktischen und pädagogischen Kompetenzen?
2. Welche Bereiche meines Unterrichtshandelns kann ich gezielt weiterentwickeln, um meine Lehrpraxis zu verbessern?

Selbstreflexion über Ihre Kompetenzen und Entwicklungsfelder im Berufseinstieg

Der Einstieg in den Lehrberuf als Quereinsteiger*in eröffnet neue berufliche Perspektiven, erfordert aber auch das Erlernen spezifischer didaktischer und pädagogischer Fähigkeiten. Die Selbsteinschätzung soll Ihnen helfen, Ihre aktuellen Kompetenzen und Entwicklungsfelder im Hinblick auf die zentralen Themen dieses Buches zu reflektieren.

Die Checkliste ist eng mit den Kapiteln von „Die Kunst des Unterrichtens im Berufseinstieg" verknüpft und ermöglicht Ihnen, einen individuellen Lernpfad durch das Buch zu gestalten. Durch die Beantwortung der Fragen erhalten Sie einen Überblick über Ihre Stärken und jene Bereiche, in denen Sie noch vertiefende Kenntnisse erwerben können.

Bitte beantworten Sie die Fragen spontan und ehrlich mit einer der drei Antwortmöglichkeiten: (1) Ja – Ich fühle mich in diesem Bereich sicher. (2) Teilweise – Ich habe erste Erfahrungen, sehe aber noch Entwicklungspotenzial. (3) Nein – Hier benötige ich noch Unterstützung oder mehr Wissen.

Nach der Lektüre des Buches empfiehlt es sich, die Checkliste erneut durchzugehen. So können Sie feststellen, welche Fortschritte Sie gemacht haben, welche Aspekte in der Praxis bereits gut funktionieren und wo noch Vertiefung erforderlich ist. Zusätzlich hilft Ihnen diese Reflexion dabei, gezielt nach vertiefender Literatur, weiterführenden Materialien oder kollegialem Austausch zu suchen, um Ihre Unterrichtspraxis kontinuierlich zu verbessern.

Nutzen Sie diese Checkliste als Orientierungshilfe für Ihren individuellen Lernprozess, sowohl zu Beginn als auch im weiteren Verlauf Ihrer Tätigkeit als Lehrkraft.

Checkliste

1. Didaktische Grundlagen

1. Inhalte, Methoden und Ziele meines Unterrichts wähle ich bewusst im Hinblick auf die Fragen „Was", „Wie" und „Warum" aus und ich kann diese Entscheidungen gut begründen. (1)(2)(3)
2. Ich reflektiere meinen eigenen Unterricht regelmäßig und ziehe konkrete Schlüsse zur Verbesserung meiner Lehrpraxis. (1)(2)(3)
3. Ich berücksichtige die unterschiedlichen Lernvoraussetzungen, Interessen und Sprachfähigkeiten meiner Schüler*innen aktiv und passe meinen Unterricht entsprechend an. (1)(2)(3)
4. Ich setze aktivierende, kooperative oder handlungsorientierte Methoden ein, die das eigenständige Lernen meiner Schüler*innen fördern. (1)(2)(3)
5. Ich nutze digitale Medien gezielt, um Lernprozesse zu bereichern, und ersetze analoge Materialien nicht lediglich durch digitale. (1)(2)(3)

2. Planung und Vorbereitung

6. Es gelingt mir, Lernziele klar, überprüfbar und auf die Bedürfnisse meiner Schüler*innen abgestimmt zu formulieren. (1)(2)(3)
7. Ich plane meinen Unterricht so, dass er in sinnvolle Phasen gegliedert ist (Einstieg, Erarbeitung, Ergebnissicherung). (1)(2)(3)
8. Es gelingt mir, geeignete Methoden, Sozialformen und Medien auszuwählen, die zur Zielgruppe, den Lernzielen und Rahmenbedingungen passen. (1)(2)(3)
9. Es gelingt mir, flexibel auf Unterrichtsstörungen oder Abweichungen vom geplanten Ablauf zu reagieren. (1)(2)(3)

10. Ich reflektiere meine Planung nach dem Unterricht, um aus Erfahrungen zu lernen und meinen Unterricht kontinuierlich zu verbessern. (1)(2)(3)

3. Unterrichtsgestaltung

11. Es gelingt mir, die Lebenswelt und Vorerfahrungen meiner Schüler*innen aktiv in den Unterricht einzubeziehen. (1)(2)(3)
12. Ich strukturiere meine Lernsequenzen vom Einstieg über die Zielklärung bis hin zur Ergebnissicherung in klarer Weise. (1)(2)(3)
13. Ich ermögliche in meinem Unterricht gezielt kreative Denkprozesse und gestalterische Lösungen. (1)(2)(3)
14. Ich ermögliche den Schüler*innen, Probleme eigenständig zu analysieren und geeignete Lösungen zu entwickeln. (1)(2)(3)
15. Ich plane meine eigene Rolle im Unterrichtsgeschehen bewusst als strukturierende, anleitende und gleichzeitig flexibel reagierende Lehrperson. (1)(2)(3)

4. Diagnose und Feedback

16. Ich beobachte und bewerte die Lernfortschritte meiner Schüler*innen systematisch und konstruktiv. (1)(2)(3)
17. Ich gebe regelmäßig individuelles, motivierendes und lernförderliches Feedback. (1)(2)(3)
18. Ich unterstütze meine Schüler*innen dabei, ihre Fähigkeit zur Selbstregulation zu entwickeln und Lernstrategien bewusst einzusetzen. (1)(2)(3)
19. Es gelingt mir, differenzierte Fördermaßnahmen zu planen und umzusetzen. (1)(2)(3)
20. Ich gestalte meine Kommunikation mit Schüler*innen so, dass sie Vertrauen, Beteiligung und Motivation stärkt. (1)(2)(3)

5. Umgang mit Vielfalt

21. Es gelingt mir, die Heterogenität meiner Schüler*innen bewusst wahrzunehmen und als Ressource in der Unterrichtsgestaltung zu nutzen. (1)(2)(3)
22. Ich gestalte Lernangebote differenziert, um unterschiedlichen Lernvoraussetzungen, Interessen und Fähigkeiten gerecht zu werden. (1)(2)(3)
23. Ich ermögliche allen Schüler*innen eine gleichberechtigte Teilhabe am Unterricht, auch bei besonderen Bedarfen oder Barrieren. (1)(2)(3)
24. Ich nutze die Mehrsprachigkeit meiner Schüler*innen im Unterricht als Ressource und fördere zugleich gezielt die Bildungssprache Deutsch. (1)(2)(3)
25. Ich gestalte interkulturelles Lernen in meinem Unterricht, sodass es Respekt, Perspektivenvielfalt und Zugehörigkeit fördert. (1)(2)(3)

6. Professionalisierung

26. Ich nehme mir regelmäßig Zeit zur bewussten Selbstreflexion meines Unterrichts und pädagogischen Handelns. (1)(2)(3)
27. Ich reflektiere meine emotionalen Reaktionen und deren Einfluss auf mein berufliches Selbstverständnis und meine Weiterentwicklung bewusst. (1)(2)(3)
28. Ich hole aktiv Feedback von Schüler*innen, Kolleg*innen oder Mentor*innen ein und nutze dieses konstruktiv zur Weiterentwicklung meines Unterrichts. (1)(2)(3)
29. Ich nutze den Austausch mit Kolleg*innen, Mentoring oder Coaching-Angebote zur Reflexion und Professionalisierung. (1)(2)(3)
30. Ich gestalte meinen professionellen Lernweg systematisch, etwa durch Literatur und/oder gezielte Entwicklungsziele. (1)(2)(3)

Auswertung

Zählen Sie, wie oft Sie „Ja“, „Teilweise“ oder „Nein“ angekreuzt haben. Wenn Sie viele „Teilweise“- oder „Nein“-Antworten haben, reflektieren Sie, welche Bereiche Sie gezielt verbessern möchten. Nutzen Sie die im Buch erläuterten Inhalte, Leit- und Reflexionsfragen sowie Tipps zur Weiterentwicklung Ihrer Lehrkompetenzen.

1 Didaktische Grundlagen

Reinhard Bauer, Sabine Albert, Charlotte Lang

Schlagworte

Lehr-Lern-Prozess, Didaktische Modelle, Lehr-Lern-Theorien, Bildungstrends

Orientierung

In diesem Kapitel erhalten Sie eine Einführung in zentrale didaktische Konzepte für Ihren Einstieg in den Lehrberuf. Sie erfahren, wie der Lehr-Lern-Prozess funktioniert, welche didaktischen Modelle – von Instruktionsansätzen bis hin zum Konstruktivismus – Ihnen zur Verfügung stehen und welche Lehr-Lern-Theorien Ihre Unterrichtsgestaltung unterstützen können. Zudem betrachten wir am Beispiel der Digitalisierung, wie aktuelle Entwicklungen die Didaktik beeinflussen. Ziel ist es, Ihnen praxisnahe Grundlagen für eine effektive Unterrichtsgestaltung zu vermitteln und Sie zur Reflexion Ihrer eigenen Lehrpraxis anzuregen.

Fallbeispiel 1.1: Thomas Gruber – Der holprige Start eines Quereinsteigers

Thomas Gruber, ein gelernter Mechatroniker mit langjähriger Berufserfahrung, hat vor Kurzem als Werkstattlehrer an einer Berufsschule in Wien begonnen. Quereinsteiger und motiviert, sein Fachwissen weiterzugeben, steht er an seinem ersten Unterrichtstag in der Werkstatt vor einer Gruppe angehender Mechatroniker*innen im zweiten Lehrjahr. Das Thema des Tages: „Montage und Demontage eines Motors". Thomas betritt die Werkstatt und stellt sich kurz vor: „Ich bin Herr Gruber, und ich hoffe, ihr lernt was von mir." Ohne Umschweife beginnt er, eine detaillierte Erklärung der Motorzerlegung zu geben. Dabei schreibt er stichpunktartig auf ein Flipchart, das die Schüler*innen aus der hinteren Reihe kaum lesen können. Die Lernenden sitzen an ihren Werkbänken und hören ihm zu oder tun zumindest so. Sein Vortrag zieht sich hin, und die Schüler*innen wirken zunehmend unruhig. Thomas bemerkt die Unruhe, ignoriert sie aber. Schließlich sagt er: „So, jetzt macht ihr das genau so, wie ich's euch erklärt hab'." Die Schüler*innen stehen auf und gehen an die Werkbänke. Thomas gibt allen dieselbe Aufgabe: Sie sollen den Motor vollständig auseinandernehmen und wieder zusammenbauen. Was er nicht berücksichtigt: Die Lernenden haben sehr unterschiedliche Vorkenntnisse. Einige haben bereits ähnliche Arbeiten durchgeführt, andere haben noch nie einen Motor in der Hand gehabt. Eine Schülerin mit

Deutsch als Zweitsprache sieht sich die Anleitung an und versteht nicht, was sie tun soll. Statt ihr zu helfen, ruft Thomas genervt: „Steht doch alles da, lies halt genau!“ Ein anderer Schüler, der bereits Erfahrung hat, wird ungeduldig und beginnt, die Arbeit schnell und ohne Rücksprache mit dem Lehrer zu erledigen. Thomas hat klargestellt: „Jeder arbeitet allein, ihr müsst das ja schließlich später auch allein hinkriegen.“ Die Lernenden dürfen sich nicht gegenseitig helfen und die Atmosphäre in der Werkstatt wird zunehmend angespannt. Einige versuchen heimlich miteinander zu sprechen, doch Thomas unterbindet das schnell: „Wenn ihr quatscht, kommt ihr nicht weiter!“ Während die Schüler*innen arbeiten, erklärt Thomas nichts zur praktischen Relevanz der Aufgabe. Eine Schülerin fragt: „Warum ist das so wichtig? Wann macht man das in der Praxis?“ Thomas entgegnet knapp: „Das ist im Lehrplan, also müsst ihr das können.“ Die Lernenden verlieren zunehmend das Interesse, da sie den Sinn der Aufgabe nicht erkennen. In der Werkstatt steht ein interaktives Whiteboard, auf dem ein Video zur Motorzerlegung abgespielt werden könnte, eine moderne Ergänzung, die den Lernenden visuell helfen könnte. Doch Thomas bevorzugt handschriftliche Notizen auf seinem Flipchart. „Diese digitalen Sachen brauch' ich nicht, das ist eh alles nur Spielerei“, sagt er, als ein Schüler vorschlägt, ein Tutorial anzusehen. Nach zwei Stunden endet der Unterricht abrupt. Thomas blickt auf die Uhr und sagt: „Zeit ist um. Wer's nicht geschafft hat, kann das nächste Mal weitermachen. Und wer was falsch gemacht hat, tja, Pech gehabt.“ Er stellt keine Fragen, um zu prüfen, was die Lernenden verstanden haben, und gibt kein Feedback. Die Schüler*innen räumen ihre Werkzeuge weg, einige murmeln: „Was für ein Chaos.“ Am Ende seines ersten Unterrichtstags fühlt sich Thomas ausgelaugt. „Unterrichten ist schwieriger, als ich dachte“, murmelt er, während er seine Sachen zusammenpackt. Doch anstatt darüber nachzudenken, was er hätte besser machen können, schiebt er die Schuld auf die Lernenden: „Die waren halt nicht motiviert.“

Was macht Thomas Gruber?

Er setzt auf eine rein instruktive Lehrmethode, d. h. auf Frontalunterricht, ohne Interaktivität oder Differenzierung. Er gibt einseitige Anweisungen, geht nicht auf unterschiedliche Lernvoraussetzungen ein und stellt keinen Praxisbezug her. Zudem reflektiert er seinen Unterricht nicht und zieht keine Konsequenzen aus den Schwierigkeiten seiner Schüler*innen. Dadurch bleibt der Unterricht wirkungslos und die Lernenden sind frustriert sowie desorientiert.

Leitfragen

1. Wie kann Thomas Gruber didaktische Grundlagen nutzen, um seinen Unterricht erfolgreicher zu gestalten?
2. Welche Merkmale und Prinzipien traditioneller didaktischer Modelle kann er in seinem Unterricht berücksichtigen?
3. Welche weiteren didaktischen Ansätze könnte er berücksichtigen, um seinen Unterricht effektiver und lernförderlicher zu gestalten?

4. Wie helfen ihm Lehr-Lern-Theorien dabei, den Wissenserwerb seiner Schüler*innen besser zu verstehen und seinen Unterricht entsprechend anzupassen?
5. Welche aktuellen Herausforderungen und Trends in der Didaktik sind für ihn relevant und wie kann er sie in seinem Unterricht berücksichtigen?

Was sagt die didaktische Forschung zur effektiven Gestaltung von Lehr-Lern-Prozessen?

Die didaktische Forschung (u. a. Ginnis, 2002; Green & Green, 2005; Lehner, 2019; Cramer et al., 2020; Traub, 2021; Meyer, 2024; Reich & Reich, 2025) betont, dass erfolgreicher Unterricht interaktiv, differenziert und praxisnah sein sollte. Methoden wie kooperatives und handlungsorientiertes Lernen fördern aktive Beteiligung und nachhaltigen Wissenserwerb. Eine klare Unterrichtsplanung, die Reflexion über den eigenen Unterricht sowie regelmäßiges Feedback an Lernende sind zentrale Faktoren für den Lernerfolg. Fachwissen allein genügt nicht, didaktische Kompetenz ist essenziell für eine effektive Unterrichtsgestaltung.

Von der Analyse von Thomas Grubers Unterricht ausgehend, wenden wir uns der ersten der fünf Leitfragen dieses Kapitels zu.

1.1 Wie kann Thomas Gruber didaktische Grundlagen nutzen, um seinen Unterricht erfolgreicher zu gestalten?

Anna: Na, Thomas, wie lief dein erster Unterrichtstag?
Thomas: Puh… ehrlich gesagt, nicht so gut. Die Schüler*innen haben nicht wirklich mitgemacht.
Anna: Hm, das kann passieren. Wie bist du vorgegangen? Hast du dir schon Gedanken gemacht, wie du deinen Unterricht das nächste Mal strukturierst, damit dir alle besser folgen können?
Thomas: Ich hab's einfach so erklärt, wie ich's selbst gelernt habe.
Anna: Nun, Didaktik hilft dir, Unterricht so zu planen, dass die Schüler*innen nicht nur zuhören, sondern aktiv lernen. Das kann einen großen Unterschied machen.

Didaktik als Wissenschaft strukturiert und optimiert den Lehr-Lern-Prozess. Thomas Grubers scheiternde Unterrichtspraxis veranschaulicht, wie entscheidend didaktische Grundlagen für die Gestaltung von Unterricht sind. In der Pädagogik sind *Didaktik* und *Methodik* zentrale Konzepte und beziehen sich auf unterschiedliche Aspekte des Lehrens und Lernens.

Definition

Die *Didaktik* befasst sich mit den Inhalten und Zielen des Unterrichts. Sie stellt die Frage: *Was soll warum vermittelt werden?* Dabei geht es um die Auswahl und Strukturierung von Lerninhalten sowie die Festlegung von Lehr- und Lernzielen. Die Didaktik bildet somit die theoretische Grundlage für den Unterricht und beschäftigt sich mit der Planung und Reflexion des Lehr-Lern-Prozesses. Die *Methodik* hingegen konzentriert sich auf die Wege und Verfahren der Vermittlung. Sie beantwortet die Frage: *Wie kann der Unterrichtsstoff vermittelt werden?* Im Fokus stehen dabei die konkreten Lehr- und Lernmethoden, also die praktischen Vorgehensweisen, mit denen die didaktischen Ziele erreicht werden sollen. Die Methodik ist somit auf die Umsetzung der didaktischen Planung im Unterricht ausgerichtet. Zusammengefasst legt die Didaktik fest, *was* unterrichtet wird und *warum*, während die Methodik bestimmt, *wie* dieses Wissen vermittelt wird. Beide Bereiche sind eng miteinander verknüpft und ergänzen sich in der Gestaltung effektiver Lehr-Lern-Prozesse.

Kernaussage

Ohne die Reflexion von *was*, *warum* und *wie* sie unterrichten, laufen Lehrkräfte Gefahr, Inhalte unstrukturiert oder ineffektiv zu vermitteln.

Wichtige Erkenntnis für den Unterricht

Lernen wird erfolgreich, wenn es aktiv und bedeutungsvoll ist, die Lehrkraft als Moderator*in und Unterstützer*in agiert und die Theorie mit praxisnahen Methoden verknüpft wird.

In „The Teacher's Toolkit“ betont Paul Ginnis (2002) die Bedeutung der Fragen „*Was*“, „*Wie*“ und „*Warum*“, um effektiven Unterricht zu gestalten. Diese drei Dimensionen (vgl. *Abbildung 1.1*) dienen als Grundprinzipien für die Planung und Durchführung von Unterricht.

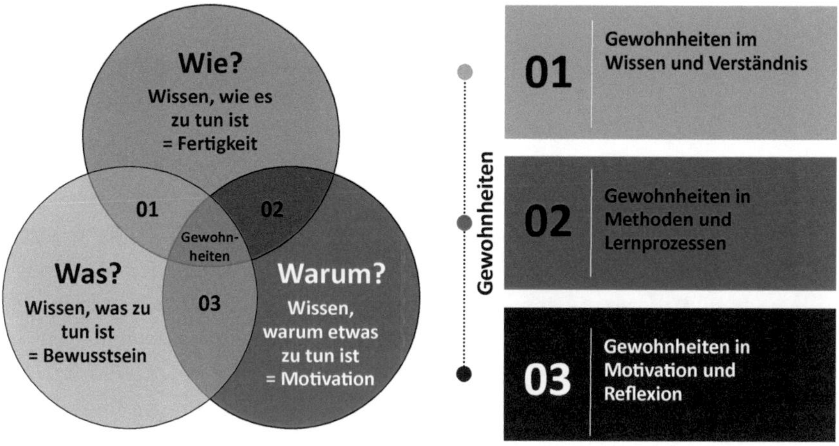

Abbildung 1.1: Zusammenhang zwischen den Fragen „Was, Wie, Warum" und der Entwicklung von Gewohnheiten im Lern- und Lehrprozess (eigene Darstellung nach Ginnis, 2002)

1. Was wird gelehrt?

Diese Frage bezieht sich auf den Inhalt des Unterrichts, also das Wissen, die Fähigkeiten oder die Konzepte, die die Schüler*innen lernen sollen. Ginnis macht deutlich, dass Lehrer*innen ein klares Verständnis davon haben müssen, *was* sie unterrichten und warum dieser Inhalt für die Schüler*innen relevant ist. Der Fokus liegt darauf, dass der Inhalt bedeutsam, kohärent und mit den Lernergebnissen verknüpft ist, die angestrebt werden.

2. Wie wird es gelehrt?

Diese Frage behandelt die Methoden, Strategien und Techniken, die im Unterricht eingesetzt werden, um den Inhalt effektiv zu vermitteln. Ginnis unterstreicht, dass die Art und Weise des Lehrens die Lernbereitschaft der Schüler*innen entscheidend beeinflusst. Er fordert Lehrkräfte auf, vielfältige, schülerzentrierte Methoden einzusetzen, um verschiedene Lernstile und Bedürfnisse zu berücksichtigen. Dazu gehören interaktive, praktische und kollaborative Ansätze, die das Lernen lebendig und engagierend machen.

3. Warum wird es gelehrt?

Die „Warum"-Frage zielt darauf ab, den Zweck des Unterrichts zu hinterfragen. Warum ist dieser Inhalt wichtig, und welche Relevanz hat er für das Leben der Schüler*innen? Ginnis betont, dass Schüler*innen motivierter sind, wenn sie den Sinn und die Bedeutung des Gelernten verstehen. Es geht darum, den Unterricht in einen größeren Kontext zu stellen, z. B. indem gezeigt wird, wie das Gelernte auf reale Probleme, die persönliche Entwicklung oder zukünftige Herausforderungen anwendbar ist.

Ginnis (2002) macht deutlich, dass guter Unterricht drei Fragen beantworten muss: *Was* soll gelernt werden? *Wie* lernen die Schüler*innen es am besten? Und *warum* ist dieses Wissen wichtig? Eine zentrale Aufgabe jeder Lehrkraft ist es, regelmäßig alle drei Fragen zu reflektieren, um sicherzustellen, dass der Unterricht nicht nur informativ, sondern auch inspirierend und relevant ist. Zwischen den Fragen „*Was, Wie, Warum*" und der Entwicklung von *Gewohnheiten* im Lehr- und Lernprozess gibt es einen klaren Zusammenhang (vgl. *Abbildung 1.1*). Diese Verbindung basiert darauf, dass effektive Lehr- und Lernpraktiken nicht nur einmalige Aktivitäten sind, sondern langfristig verankert werden müssen, um nachhaltiges Lernen und Verhaltensänderungen zu fördern.

Was (01): Gewohnheiten im Wissen und Verständnis

Ginnis hebt die Bedeutung hervor, Denkgewohnheiten bei Lernenden zu fördern, wie z. B. kritisches Denken, Problemlösung und Neugier. Das „*Was*" gibt den Rahmen dafür vor, welche Gewohnheiten durch den Unterricht gestärkt werden sollen. Der Unterrichtsinhalt sollte darauf abzielen, Wissen so zu vermitteln, dass Schüler*innen es regelmäßig anwenden können, bis es zu einer Gewohnheit des Denkens oder Handelns wird.

Beispiel: Wenn Schüler*innen lernen, Quellen kritisch zu hinterfragen, wird dies mit der Zeit zu einer Denkgewohnheit.

Wie (02): Gewohnheiten in Methoden und Lernprozessen

Das „*Wie*" im Unterricht beeinflusst, wie Schüler*innen lernen und welche Lerngewohnheiten sie entwickeln. Durch interaktive und schülerzentrierte Methoden werden Verhaltensmuster wie Selbstständigkeit, Teamarbeit und Reflexion gefördert. Ginnis argumentiert, dass regelmäßige Anwendung effektiver Lerntechniken dazu führt, dass Schüler*innen diese Techniken verinnerlichen und in anderen Kontexten anwenden können.

Beispiel: Wenn Schüler*innen regelmäßig in Gruppen arbeiten und Feedback geben, entwickeln sie Gewohnheiten der Zusammenarbeit und des konstruktiven Austauschs.

Warum (03): Gewohnheiten in Motivation und Reflexion

Das „*Warum*" hilft dabei, eine Gewohnheit des Sinnsuchens zu entwickeln. Ginnis (2002) verweist darauf, dass Schüler*innen, die verstehen, warum sie etwas lernen, eher die Gewohnheit entwickeln, Lerninhalte in einen größeren Kontext zu setzen. Lehrer*innen können durch die Verbindung des Lernstoffs mit realen Anwendungen und persönlichen Interessen der Schüler*innen eine Haltung fördern, bei der Schüler*innen immer nach dem Zweck ihrer Aktivitäten fragen.

Beispiel: Ein*e Schüler*in, die*der erkennt, wie mathematische Fähigkeiten im Alltag oder in einem späteren Beruf genutzt werden, entwickelt die Gewohnheit, praktische Relevanz in ihrem*seinem Lernen zu suchen.

Wichtige Erkenntnis für den Unterricht

Erfolgreicher Unterricht fördert Gewohnheiten: Klarheit im Inhalt (Was) prägt das Denken, effektive Methoden (Wie) stärken das Lernen, und Sinngebung (Warum) unterstützt Reflexion und Motivation. So entstehen nachhaltige Lerngewohnheiten, die über das Klassenzimmer hinaus wirken. Wichtig dabei ist es, immer vom Warum auszugehen und sich erst danach mit dem Wie und dem Was zu beschäftigen (vgl. Kapitel 3).

1.2 Welche Merkmale und Prinzipien traditioneller didaktischer Modelle kann Thomas Gruber in seinem Unterricht berücksichtigen?

Thomas: Ich versteh's nicht. Früher haben wir doch auch einfach zugehört, wenn jemand etwas erklärt hat. Warum funktioniert das heute nicht mehr?
Anna: Die Frage ist, wie du die Schüler*innen am besten erreichst. Das merkst du daran, ob sie nach deiner Erklärung noch viele Fragen haben.
Thomas: Aber wie soll ich's sonst machen? Ich kann doch nicht jeder*jedem einzeln alles erklären.
Anna: Es gibt unterschiedliche didaktische Modelle, die Lehr- und Lernprozesse strukturieren. Manche setzen auf Frontalunterricht, andere auf mehr Eigenaktivität. Wenn du weißt, was du im Unterricht erreichen möchtest, kannst du gezielt entscheiden, was wann sinnvoll ist.

Wie das Fallbeispiel zeigt, verlässt sich Thomas Gruber ausschließlich auf das Instruktionsmodell (Frontalunterricht), was exemplarisch die Vor- und Nachteile traditioneller didaktischer Ansätze verdeutlicht. Ein rein instruktionsbasierter Ansatz bezieht Lernende nicht ausreichend ein und demotiviert langfristig. Vor diesem Hintergrund stellt sich die Frage, welches nun die traditionellen didaktischen Modelle sind und worin ihre Stärken und Schwächen liegen. Lehner (2019, S. 51 ff.) listet folgende traditionellen Modelle auf:

1. *Bildungstheoretische Didaktik (Klafki):* Fokus auf die Auswahl und Erschließbarkeit von Bildungsinhalten, Betonung der „kategorialen Bildung“ (Inhalte sollen sowohl exemplarischen Wert als auch allgemeine Relevanz haben, kritisch-konstruktive Weiterentwicklung mit gesellschaftlicher Verantwortung und Mündigkeit als Ziel).
   Beispiel: Im Metallbau-Unterricht lernen die Schüler*innen, wie sie eine stabile Schweißverbindung herstellen. Statt nur die Technik zu üben, diskutieren sie auch, warum bestimmte Schweißverfahren langlebiger sind als andere (exemplarischer Wert), welche Rolle die Materialeinsparung für Nachhaltigkeit und Kosten spielt (allgemeine Relevanz) und welche Sicherheitsstandards Fachkräfte beachten müssen, um Unfälle zu vermeiden (gesellschaftliche Verantwortung).
2. *Lehr- und Lerntheoretische Didaktik (Heimann, Otto, Schulz):* Fokussiert auf die Strukturierung von Lehr-Lern-Prozessen, empirisch orientiert und ohne normative Vorgaben, entwickelte sich vom „Berliner Modell“ zum „Hamburger Modell“, das situationsbezogene Unterrichtsanalyse in den Vordergrund stellt.
   Beispiel: In einem Kfz-Mechatronik-Unterricht sollen die Schüler*innen einen Fehler in der Fahrzeugelektronik diagnostizieren und beheben. Die Lehrkraft beobachtet zunächst, welche Vorkenntnisse die Schüler*innen haben und wie sie an das Problem herangehen (Situationsanalyse). Je nach Analyse gibt die Lehrkraft entweder gezielte Hinweise oder lässt die Schüler*innen selbst Lösungswege erarbeiten (Strukturierung des Lehr-Lern-Prozesses). Die Unterrichtsgestaltung orientiert sich daran, was im Moment funktioniert – gibt es Verständnisschwierigkeiten, wird die Methode angepasst.
3. *Kritisch-konstruktive Didaktik (Klafki):* Weiterentwicklung der bildungstheoretischen Didaktik, berücksichtigt gesellschaftliche Herausforderungen und strebt emanzipatorisches Lernen an.
   Beispiel: In einem Pflegeunterricht lernen die Schüler*innen, wie sie ältere Menschen mit Demenz unterstützen können. Sie überlegen, wie sich Zeitdruck und Personalmangel auf die Pflegequalität auswirken (gesellschaftliche Herausforderung). Statt nur vorgegebene Lösungen zu übernehmen, entwickeln sie eigene Ideen, um den Alltag der Patient*innen zu verbessern (selbstständiges Lernen). Sie diskutieren, welche Verantwortung sie als Pflegekräfte haben und wie sie zu besseren Bedingungen in der Pflege beitragen können (kritische Reflexion).

4. *Konstruktivistische Didaktik (Reich):* Lernen wird als individueller, aktiver Konstruktionsprozess verstanden, Lehrer*innen agieren als Begleitpersonen des Lernens anstelle von Wissensvermittelnden, fördert selbstgesteuertes und situiertes Lernen.
   Beispiel: In einem Tischlereitechnik-Ausbildungsprojekt erhalten die Schüler*innen die Aufgabe, eigenständig ein Möbelstück zu entwerfen und herzustellen. Statt einer festen Anleitung erhalten sie nur grundlegende Anforderungen und müssen selbst planen, welche Materialien und Techniken sie verwenden (selbstgesteuertes Lernen). Die Lehrkraft gibt keine direkten Anweisungen, sondern unterstützt durch gezielte Fragen und Hilfestellungen, wenn nötig (Lehrer*in als Lernbegleiter*in). Während der Arbeit treten echte Probleme auf (z. B. Materialfehler oder Konstruktionsprobleme), die die Schüler*innen eigenständig oder in Gruppen lösen müssen (situatives Lernen).

Diese Modelle sind historisch gewachsen und beeinflussen bis heute die Gestaltung von Unterricht und Lehrplänen in der Berufsbildung und darüber hinaus. *Tabelle 1.1* stellt die traditionellen Modelle mit ihren Schwerpunkten, Stärken und Schwächen gegenüber.

Tabelle 1.1: Gegenüberstellung der traditionellen Didaktik-Modelle

Didaktisches Modell	*Schwerpunkt*	*Stärken*	*Schwächen*
Bildungstheoretische Didaktik	Auswahl und Erschließung von Bildungsinhalten	Hohe Bildungsqualität, normative Orientierung	Gefahr der Überbetonung von Inhalten
Lehr-Lerntheoretische Didaktik	Strukturierung von Lehr-Lern-Prozessen	Empirische Fundierung, klare Unterrichtsplanung	Geringe Berücksichtigung gesellschaftlicher Aspekte
Kritisch-konstruktive Didaktik	Gesellschaftliche Relevanz des Lernens	Förderung der Mündigkeit, Reflexionsförderung	Teilweise unkonkrete Unterrichtsprinzipien
Konstruktivistische Didaktik	Individueller Konstruktionsprozess des Lernens	Selbstständigkeit, Handlungsorientierung	Gefahr der Überforderung von Lernenden

Obwohl sich die bildungstheoretische, lehr-lerntheoretische, kritisch-konstruktive und konstruktivistische Didaktik in ihren Schwerpunkten unterscheiden, teilen sie zentrale Gemeinsamkeiten, die für Quereinsteiger*innen im Lehrberuf besonders relevant sind:

1. Strukturierung des Lehr-Lern-Prozesses

Alle Modelle betonen, dass erfolgreicher Unterricht eine klare Planung benötigt. Sie bieten unterschiedliche Rahmen für die Strukturierung von Lehr- und Lernprozessen, von der Auswahl der Inhalte (Bildungstheoretische Didaktik) über die methodische Umsetzung (Lehr-Lerntheoretische Didaktik) bis hin zur aktiven Beteiligung der Lernenden (Konstruktivistische Didaktik).

Bedeutung für die Lehrkraft: Eine systematische Unterrichtsplanung hilft, Unsicherheiten zu reduzieren und den Lernprozess gezielt zu steuern.

2. Berücksichtigung der Lernenden

Alle Modelle setzen sich – wenn auch in unterschiedlichem Maße – mit den Bedürfnissen, Vorkenntnissen und Lernwegen der Schüler*innen auseinander. Während Klafkis Didaktik auf die inhaltliche Relevanz für die Bildung der Lernenden abzielt, betont die konstruktivistische Didaktik die Selbststeuerung und Eigenverantwortung im Lernprozess.

Bedeutung für die Lehrkraft: Erfolgreicher Unterricht erfordert die aktive Einbindung der Schüler*innen, sei es durch Diskussionen, praktische Übungen oder eigenständige Lernprozesse.

3. Lehrkraft als gestaltende Instanz

In jedem Modell kommt der Lehrkraft eine zentrale Rolle zu: als Planer*in des Bildungsprozesses (Bildungstheoretische und Lehr-Lerntheoretische Didaktik), als Reflexionsinstanz für gesellschaftliche Entwicklungen (Kritisch-konstruktive Didaktik), als Moderator*in und Begleiter*in des individuellen Lernens (Konstruktivistische Didaktik).

Bedeutung für die Lehrkraft: Die Lehrkraft ist mehr als eine reine Wissensvermittler*in, sie muss Methoden bewusst wählen, Lernprozesse steuern und Lernende motivieren.

4. Bedeutung der Reflexion und Weiterentwicklung

Alle Modelle implizieren, dass Unterricht kein statischer Prozess ist, sondern einer ständigen Reflexion und Anpassung bedarf. Lehrkräfte sollen ihre didaktischen Entscheidungen hinterfragen, Lernprozesse beobachten und aus Erfahrung lernen.

Bedeutung für die Lehrkraft: Reflexion über den eigenen Unterricht, z. B. durch Selbstanalyse oder kollegiales Feedback, das für die Weiterentwicklung als Lehrkraft entscheidend ist.

Wichtige Erkenntnis für den Unterricht

Didaktische Modelle helfen dabei, den eigenen Unterricht professionell zu gestalten. Sie zeigen, dass Planung und Strukturierung essenziell sind, Lernende aktiv einbezogen werden müssen, die Rolle der Lehrkraft über die reine Wissensvermittlung hinausgeht, Reflexion und Weiterentwicklung entscheidend für guten Unterricht sind. Die bewusste Auseinandersetzung mit diesen Grundlagen hilft dabei, schneller Sicherheit in der neuen Rolle als Lehrer*in zu gewinnen und Unterricht erfolgreich zu gestalten.

1.3 Welche weiteren didaktischen Ansätze könnte Thomas Gruber berücksichtigen, um seinen Unterricht effektiver und lernförderlicher zu gestalten?

Anna: Thomas, kann es sein, dass Inhalte eher auswendig gelernt werden sollten, ohne sie wirklich zu verstehen?
Thomas: Naja, ich hab' ihnen doch genau gesagt, was sie tun sollen.
Anna: Ja, aber modernes Lernen bedeutet nicht nur, Anweisungen zu befolgen. Es geht darum, Wissen aktiv zu erschließen und in sinnvollen Zusammenhängen zu verstehen.
Thomas: Und wie genau kann ich das erreichen?
Anna: Es gibt einige moderne didaktische Ansätze, die genau darauf abzielen. Die schauen wir uns mal an.

Durch das Fallbeispiel wird deutlich, dass Lehrer*innen verschiedene didaktische Modelle reflektieren und flexibel miteinander kombinieren sollten, um den Unterricht an die jeweilige Situation und die Bedürfnisse der Lernenden anzupassen.

Zitat 1

> *„Immer, wenn dir eine Theorie als die einzig mögliche erscheint, nimm das als Zeichen, dass du weder die Theorie noch das zu lösende Problem verstanden hast.“* (Popper, 1993, S. 278)

Zitat 2

> *„In einer Welt bekannter Risiken weiß man alles, einschließlich der Wahrscheinlichkeiten, mit Gewissheit. Hier reichen statistisches Denken und Logik aus, um gute Entscheidungen zu treffen. In einer ungewissen Welt ist nicht alles bekannt und lässt sich die beste Option nicht berechnen. Da sind zusätzlich gute Faustregeln und Intuitionen erforderlich.“* (Gigerenzer, 2013, S. 38)

Zitat 1 und 2 verdeutlichen die Komplexität und Vielschichtigkeit von Lehr- und Lernprozessen und liefern wertvolle Impulse für innovative, schülerzentrierte didaktische Modelle. Popper (1993) warnt davor, eine einzige Theorie als allumfassend oder alternativlos zu betrachten. Übertragen auf die Didaktik bedeutet dies, dass kein einzelnes Modell allen Lernbedürfnissen gerecht werden kann. Stattdessen sollten Lehrkräfte verschiedene didaktische Ansätze reflektieren und flexibel kombinieren, um Unterricht situativ und lernendenzentriert zu gestalten. Mit Gigerenzer (2013) lässt sich diese Perspektive ergänzen, indem er betont, dass in einer unsicheren und komplexen Welt nicht nur logisches und statistisches Denken, sondern auch Intuition und Faustregeln notwendig sind. Übertragen auf die Didaktik bedeutet dies, dass Lehrkräfte sich nicht nur auf starre Planungsmodelle verlassen sollten, sondern auch die Fähigkeit entwickeln müssen, Unterricht adaptiv zu gestalten, spontane Entscheidungen zu treffen und neue Lernwege zu erschließen.

In der Zusammenschau zeigen beide Zitate, dass aktuelle didaktische Modelle Flexibilität, Offenheit für verschiedene Theorien und intuitive Entscheidungsfähigkeit erfordern. Lehrer*innen müssen situationsbezogen handeln, reflektieren und sich kontinuierlich weiterentwickeln, um den Herausforderungen des Lehrens in einer sich wandelnden Welt gerecht zu werden. Die sogenannte VUKA-Welt beschreibt die heutige schnelllebige und unvorhersehbare Realität, die auch den Lehrberuf stark beeinflusst. Sie ist geprägt von *Volatilität* (schnelle und unerwartete Veränderungen), *Unsicherheit* (fehlende Vorhersehbarkeit von Entwicklungen), *Komplexität* (vielschichtige Zusammenhänge mit zahlreichen Einflussfaktoren) und *Ambiguität* (mehrdeutige Situationen ohne klare Lösungen). Für Lehrer*innen bedeutet dies, flexibel zu agieren, Unterricht an neue Bedingungen anzupassen und Schüler*innen auf eine ungewisse Zukunft vorzubereiten. Sie müssen kritisches Denken fördern, digitale Kompetenzen stärken und innovative Lehrmethoden einsetzen, um in dieser herausfordernden Umgebung erfolgreich zu sein.

Lehner (2019, S. 44 ff.) weist darauf hin, dass didaktische Theorien oft beanspruchen, den gesamten Lehr-Lern-Bereich abzudecken, dies jedoch mit Einschränkungen tun. Einerseits behandeln sie ähnliche Aspekte wie die Lehrplanung, andererseits setzen sie individuelle Schwerpunkte, die in anderen Ansätzen kaum berücksichtigt werden, etwa beim Bildungsbegriff. Dadurch ergeben sich verschiedene Perspektiven, die sich gegenseitig ergänzen und bereichern können, oft gar miteinander verschmelzen.

Wenn wir hier nun von innovativen, schülerzentrierten didaktischen Ansätzen sprechen, so betonen diese v. a. die aktive Beteiligung der Lernenden, die Förderung von Selbstständigkeit und die Anwendung von Wissen in realen Kontexten. Folgende Beispiele lassen sich anführen:

1. *Handlungsorientierter Unterricht:* Hier steht die aktive Auseinandersetzung der Lernenden mit realitätsnahen Aufgaben im Vordergrund. Durch praktisches Tun und Reflexion sollen Kompetenzen erworben und vertieft werden (vgl. Gudjons, 2014).
   Beispiel: In einer Kfz-Mechatronik-Ausbildung sollen die Schüler*innen eine Inspektion an einem Kundenfahrzeug durchführen. Die Aufgabe umfasst alle Phasen einer realen Arbeitsaufgabe, von der Fehlersuche über die Reparatur bis zur Kundenberatung (ganzheitliche Handlung). Die Schüler*innen arbeiten eigenständig in kleinen Teams, überprüfen Ölstand, Bremsen und Reifen, führen Wartungsmaßnahmen durch und erstellen eine Kostenkalkulation (Lernen durch Tun). Nach Abschluss der Inspektion besprechen sie ihre Vorgehensweise, mögliche Fehlerquellen und überlegen, wie sie ihre Arbeitsprozesse verbessern können (Reflexion und Transfer).
2. *Problem-Based Learning (PBL):* Dieser Ansatz fördert das Lernen durch die Bearbeitung realer Problemstellungen. Lernende arbeiten in Gruppen, um Lösungen zu entwickeln, wobei sie selbstständig Informationen recherchieren und anwenden (vgl. Duch et al., 2001).
   Beispiel: Die Schüler*innen arbeiten in einer fiktiven Service-Abteilung eines Einzelhandelsunternehmens. Ein Kunde beschwert sich online über schlechten Service. Die Schüler*innen entwickeln eine Strategie zur Beschwerdebehandlung (Problemstellung). Sie analysieren rechtliche Vorgaben, erarbeiten eine kundenfreundliche Antwort und überlegen Maßnahmen zur Serviceverbesserung (Erarbeitung einer Lösung). Die Lehrkraft fungiert als Begleiter*in und unterstützt durch Reflexionsfragen zur Kundenzufriedenheit und Unternehmensimage. Die Schüler*innen präsentieren ihr Antwortschreiben und diskutieren über die Auswirkungen ihrer Lösungsstrategie.
3. *Kooperative Didaktik:* Sie basiert auf der Zusammenarbeit von Lernenden, um Wissen gemeinsam zu erarbeiten. Sie geht davon aus, dass soziale Interaktion und gegenseitige Unterstützung zentrale Elemente des Lernprozesses sind. Durch gezielte Kooperationsmethoden wie Gruppenarbeit, Peer-Learning oder Lernpartnerschaften übernehmen Schüler*innen aktive Rollen im Unterricht. Die Lehrkraft fungiert als Moderator*in, die den Lernprozess begleitet und steuert. Ziel ist es, nicht nur Fachwissen zu vermitteln, sondern auch kommunikative, soziale und kognitive Kompetenzen zu fördern. Lernende entwickeln durch diese Methode Selbstständigkeit, kritisches Denken und Verantwortungsbewusstsein. Die Flexibilität der kooperativen Didaktik ermöglicht es, auf individuelle Lernvoraussetzungen einzugehen und verschiedene konstruktivistische Lernansätze zu integrieren (vgl. Green & Green, 2005; Konrad & Traub, 2019).
   Beispiel: Die Schüler*innen einer Gastronomie-Berufsschule planen und kochen gemeinsam ein Menü. Teams übernehmen verschiedene Aufgaben (Vorspeise, Hauptgang, Dessert, Service) und müssen sich abstimmen (ko-

operative Lernstruktur). Die Lehrkraft unterstützt als Moderator*in durch gezielte Fragen, ohne fertige Lösungen vorzugeben. Die Teams präsentieren ihr Menü und reflektieren den Arbeitsprozess.

4. *Konnektivismus:* Diese Theorie betont die Bedeutung von Netzwerken und digitalen Technologien im Lernprozess. Wissen wird durch das Knüpfen von Verbindungen zu verschiedenen Informationsquellen und Personen erworben (vgl. Siemens, 2005).
   Beispiel: Schüler*innen einer IT-Berufsschule recherchieren aktuelle Themen zur Cybersicherheit mithilfe von Blogs, Fachforen und Online-Kursen. Sie tauschen ihr Wissen über eine Cloud-Plattform aus und erarbeiten gemeinsam Lösungen. Die Lehrkraft unterstützt den Prozess, indem sie hilfreiche Ressourcen bereitstellt und Reflexionsfragen zur Bewertung von Informationen stellt. Am Ende präsentieren die Schüler*innen ihre Erkenntnisse in einem Webinar und reflektieren, wie digitale Netzwerke ihr Lernen bereichert haben.
5. *Digitale Didaktik:* Sie beschäftigt sich mit der Integration digitaler Medien und Technologien in Lehr- und Lernprozesse. Ihr Ziel ist es, Lernumgebungen zu schaffen, in denen digitale Werkzeuge effektiv eingesetzt werden, um Kompetenzen für eine zunehmend digital geprägte Gesellschaft zu vermitteln. Dabei werden traditionelle didaktische Methoden mit digitalen Ansätzen kombiniert, um den Lernprozess zu optimieren und den individuellen Bedürfnissen der Lernenden gerecht zu werden (vgl. Reich & Reich, 2025).
   Beispiel: In einer Berufsschule für Einzelhandel nutzen die Schüler*innen eine interaktive E-Learning-Plattform, um sich mit Verkaufstechniken auseinanderzusetzen. Sie bearbeiten Online-Module, schauen Erklärvideos zu Kundenkommunikation und lösen interaktive Quizfragen (digitales Lernen). Statt frontal zu unterrichten, moderiert die Lehrkraft Diskussionen über die Anwendung der Inhalte und gibt individuelles Feedback über ein Lernmanagementsystem (LMS). In einem virtuellen Verkaufsraum üben die Schüler*innen den Umgang mit schwierigen Kund*innen per Rollenspiel-App (Praxisbezug durch digitale Simulation). Die Schüler*innen analysieren ihre digitalen Lernfortschritte und übertragen das Gelernte in reale Verkaufsgespräche (Reflexion und Anwendung).
6. *Agile Didaktik:* Sie verbindet konstruktivistische Ansätze wie z. B. jene von Jean Piaget, Lev Vygotsky oder Ernst von Glasersfeld, indem Lernen als dynamischer, individueller Prozess betrachtet wird. Sie passt sich der VUKA-Welt an, indem sie Lehrenden ermöglicht, flexibel auf Veränderungen zu reagieren und Lernende auf eine unvorhersehbare Zukunft vorzubereiten. Die Basis bilden iterative Lernzyklen, d. h. sich wiederholende Phasen, in denen Inhalte schrittweise vermittelt, reflektiert und verbessert werden. Anstatt starrer Unterrichtsplanung setzt sie auf Sprints, also kurze Lerneinheiten mit spezifischen Zielen. Lehrkräfte agieren als Moderator*innen, die Lernprozesse

begleiten, während Lernende durch Selbstorganisation aktiv Verantwortung für ihren eigenen Lernprozess übernehmen. Durch diese Flexibilität kann Unterricht individuell angepasst werden (vgl. Arn, 2020; Verlagsgruppe Beltz, 2023; Wampfler, 2024).

Beispiel: In einer höheren Lehranstalt für Softwareentwicklung arbeiten die Schüler*innen an einem Programmierprojekt für eine mobile App. Anstatt den gesamten Lehrstoff vorzugeben, entwickeln die Schüler*innen die App in kleinen, sich wiederholenden Schritten (Sprints) (iteratives Lernen). Die Schüler*innen planen Aufgaben eigenständig, testen ihre Lösungen und passen sie kontinuierlich an (selbstorganisierte Teams). Die Lehrkraft gibt keine festen Lösungen vor, sondern moderiert regelmäßige Feedback-Runden (z. B. mit Kanban-Boards oder Stand-up-Meetings) (Lehrkraft als Coach). Nach jeder Phase analysieren die Schüler*innen ihre Fortschritte, tauschen Erfahrungen aus und optimieren ihre Ansätze (Reflexion & Anpassung).

Alle hier genannten didaktischen Modelle teilen den zentralen Vorteil, dass sie die aktive Rolle der Lernenden im Unterricht stärken und selbstständiges, praxisnahes Lernen fördern. Anstatt Wissen nur passiv aufzunehmen, setzen sich die Schüler*innen aktiv mit realen Problemstellungen, interaktiven Aufgaben oder digitalen Netzwerken auseinander. Dies geschieht durch:

1. *Handlungsorientierung (Handlungsorientierter Unterricht, Problem-Based Learning):* Lernende erwerben Wissen durch praktisches Tun, indem sie reale Aufgaben bearbeiten und reflektieren.
2. *Kooperation und Vernetzung (Kooperative Didaktik, Konnektivismus):* Soziale Interaktion und gemeinsames Wissenserarbeiten stehen im Mittelpunkt. Lernen findet durch gegenseitige Unterstützung und den Austausch von Ideen statt.
3. *Flexibilität und individuelle Anpassung (Agile Didaktik, Digitale Didaktik):* Unterricht passt sich dynamisch an die Bedürfnisse der Lernenden an, indem er iterativ (schrittweise) verbessert oder durch digitale Technologien unterstützt wird.

Wichtige Erkenntnis für den Unterricht

Die vorgestellten Modelle fördern nicht nur fachliches Wissen, sondern auch soziale, methodische und digitale Kompetenzen, die für das lebenslange Lernen und die Bewältigung komplexer Herausforderungen in einer zunehmend digitalen Welt unerlässlich sind. Sie bereiten Lernende darauf vor, eigenständig Lösungen zu entwickeln, kritisch zu denken und sich kontinuierlich an neue Situationen anzupassen.

1.4 Wie helfen Lehr-Lern-Theorien Thomas Gruber dabei, den Wissenserwerb seiner Schüler*innen besser zu verstehen und seinen Unterricht entsprechend anzupassen?

Thomas: Manche Schüler*innen haben sofort verstanden, was zu tun war, andere haben sich total schwergetan. Ich weiß aber nicht, woran das liegt.
Anna: Das ist ganz normal, weil Menschen unterschiedlich lernen. Es gibt Schüler*innen, die mehr Unterstützung brauchen, während andere gerne autonom arbeiten.
Thomas: Ja, aber wie kann ich das denn alles unter einen Hut bringen?
Anna: Es gibt verschiedene Lehr-Lern-Theorien, die genau erklären, wie Menschen Wissen aufnehmen und verarbeiten. Wenn du die kennst, kannst du besser einschätzen, was deine Schüler*innen brauchen.

Das Beispiel von Thomas Gruber illustriert, was passiert, wenn Lehr-Lern-Theorien nicht bewusst angewendet werden. Seine methodische Beliebigkeit verdeutlicht die Notwendigkeit, behavioristische, kognitivistische, konstruktivistische und konnektivistische Ansätze gezielt einzusetzen. Das Fallbeispiel zeigt, wie eine bewusste Nutzung dieser Ansätze Lernprozesse fördern könnte, etwa durch Feedback (behavioristisch) oder kooperatives Wissenserarbeiten (konstruktivistisch).

Baumgartner und Payr (1997) diskutieren die drei zentralen Lerntheorien: *Behaviorismus*, *Kognitivismus* und *Konstruktivismus*. Diese Theorien bieten unterschiedliche Perspektiven auf den Lernprozess:

1. *Behaviorismus:* Diese Theorie betrachtet Lernen als eine Reaktion auf äußere Reize. Das Gehirn wird als „Black Box" angesehen, wobei der Fokus auf beobachtbarem Verhalten liegt. Lernen erfolgt durch Konditionierung, bei der bestimmte Reize spezifische Reaktionen hervorrufen. Ein Beispiel ist das klassische Konditionieren, bei dem ein neutraler Reiz mit einer unbedingten Reaktion verknüpft wird.
2. *Kognitivismus:* Im Gegensatz zum Behaviorismus konzentriert sich der Kognitivismus auf die internen mentalen Prozesse des Lernens. Das Gehirn wird als Informationsverarbeitungssystem betrachtet, ähnlich einem Computer. Lernen beinhaltet hier Prozesse wie Wahrnehmung, Gedächtnis, Denken und Problemlösen. Ein Beispiel ist das Verstehen und Anwenden von mathematischen Konzepten durch mentale Strategien.
3. *Konstruktivismus:* Diese Theorie betont, dass Lernende aktiv ihr Wissen konstruieren, basierend auf ihren Erfahrungen und Interaktionen mit der Umwelt. Wissen ist demnach subjektiv und individuell. Lernen wird als ein dynamischer Prozess gesehen, bei dem neue Informationen in bestehende

kognitive Strukturen integriert werden. Ein Beispiel ist das Lernen durch Entdeckungen, bei dem Lernende durch Experimente und Reflexion zu neuen Erkenntnissen gelangen.

Die drei Lerntheorien *Behaviorismus*, *Kognitivismus* und *Konstruktivismus* unterscheiden sich nicht nur in ihrer Auffassung darüber, wie Menschen lernen, sondern auch in ihrer Sichtweise darauf, was Lehren bedeutet und welche Rolle die Lehrkraft einnimmt (vgl. *Abbildung 1.2*).

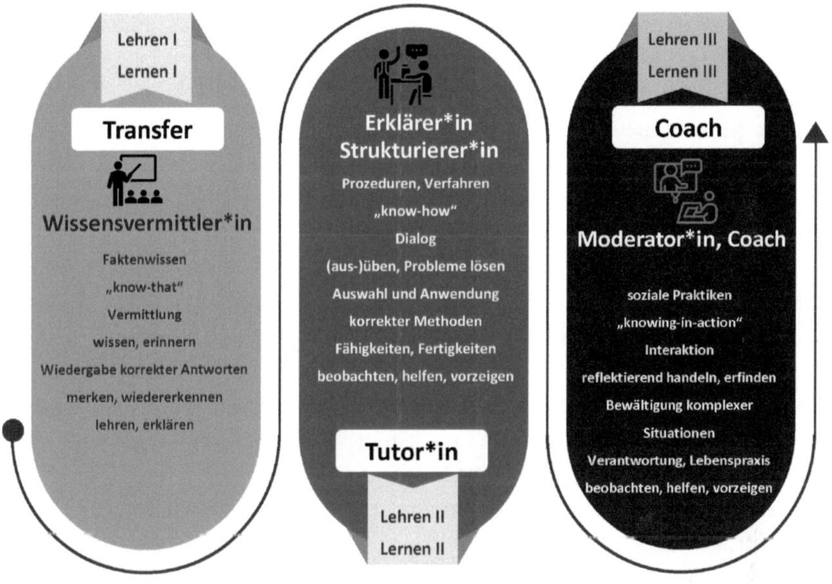

Abbildung 1.2: Drei Modelle des Lehrens bzw. Lernens (eigene Darstellung nach Baumgartner & Payr, 1997)

1. Behaviorismus: Lehren I bzw. Lernen I als Steuerung von Reizen und Reaktionen

Lernen als konditionierter Prozess: Wissen wird durch Wiederholung und Verstärkung von erwünschtem Verhalten erworben.

*Lehrkraft als Wissensvermittler*in:* Die Lehrkraft kontrolliert den Lernprozess durch klare Anweisungen, Belohnungssysteme und Tests.

Typische Methoden: Frontalunterricht, Drill & Practice, Belohnungssysteme, Tests zur Überprüfung von Lernergebnissen.

Beispiel: Eine Lehrkraft bringt Schüler*innen durch regelmäßige Wiederholungen und Tests dazu, Fachwortschatz auswendig zu lernen.

Lehren bedeutet hier die gezielte Steuerung von Reizen, um gewünschtes Verhalten (z. B. richtige Antworten) zu fördern.

2. Kognitivismus: Lehren II und Lernen II als Vermittlung von Denkstrategien und mentalen Prozessen

Lernen als aktiver Informationsverarbeitungsprozess: Lernende speichern und organisieren Wissen durch mentale Prozesse wie Aufmerksamkeit, Gedächtnis und Problemlösen.

*Lehrkraft als Erklärer*in und Strukturierer*in:* Die Lehrkraft gibt Denkanstöße, stellt Strukturhilfen bereit und hilft dabei, Informationen effizient zu organisieren.

Typische Methoden: Scaffolding (Lernunterstützung), Mindmaps, strukturierte Aufgaben, kognitive Lernstrategien.

Beispiel: Eine Lehrkraft nutzt Diagramme und Mindmaps, um die Schüler*innen dabei zu unterstützen, komplexe Konzepte zu verstehen und zu speichern.

Lehren bedeutet hier, Denkprozesse anzuleiten und Strategien zur Informationsverarbeitung zu vermitteln.

3. Konstruktivismus: Lehren III und Lernen III als Begleitung eines selbstgesteuerten Lernprozesses

Lernen als individueller Konstruktionsprozess: Wissen wird nicht „übertragen“, sondern von Lernenden aktiv aus Erfahrungen und Kontexten aufgebaut.

*Lehrkraft als Moderator*in und Coach:* Die Lehrkraft schafft anregende Lernumgebungen, regt zur Reflexion an und unterstützt individuelle Entdeckungsprozesse.

Typische Methoden: Projektarbeit, Problem-Based Learning, forschendes Lernen, kooperatives Lernen.

Beispiel: Eine Lehrkraft gibt den Schüler*innen eine offene Problemstellung und lässt sie eigenständig Lösungen entwickeln, anstatt direkt Wissen zu vermitteln.

Lehren bedeutet hier, Lernprozesse zu begleiten, Impulse zu setzen und Lernende zum selbstständigen Wissensaufbau anzuregen.

Diese unterschiedlichen Lehrverständnisse zeigen, dass es kein universelles Modell des Lehrens gibt, je nach Lehr-/Lernziel, Kontext und Zielgruppe können verschiedene Ansätze sinnvoll sein. Moderne Didaktik kombiniert oft Elemente aller drei Theorien, um effektives Lernen zu ermöglichen (vgl. *Tabelle 1.2*).

Tabelle 1.2: Drei unterschiedliche Lehrverständnisse

Lerntheorie	***Sicht auf Lehren***	***Rolle der Lehrkraft***	***Methoden***
Behaviorismus	Steuerung von Reizen zur Verhaltensänderung	Direkte Wissensvermittlung, Kontrolle	Frontalunterricht, Tests, Belohnungssysteme
Kognitivismus	Vermittlung von Denkstrategien und mentalen Prozessen	Strukturierer*in, Unterstützer*in	Mindmaps, Lernstrategien, angeleitete Reflexion
Konstruktivismus	Begleitung eines individuellen Lernprozesses	Moderator*in, Coach, Impulsgeber*in	Projektarbeit, Problem-Based Learning, kooperatives Lernen

Der *Konnektivismus* erweitert die drei klassischen Lerntheorien Behaviorismus, Kognitivismus und Konstruktivismus, indem er die Bedeutung von digitalen Netzwerken, Technologie und sozialen Verbindungen für das Lernen betont (vgl. *Tabelle 1.3*).

Tabelle 1.3: Konnektivismus als Brücke zwischen digitalem Lernen und klassischen Lerntheorien

Lerntheorie	**Ergänzung durch Konnektivismus**
Behaviorismus	Adaptive Lernsysteme, KI-gestütztes Lernen, personalisierte digitale Reize
Kognitivismus	Lernen als Netzwerkprozess, Nutzung digitaler Informationsquellen
Konstruktivismus	Wissenserwerb durch soziale und digitale Interaktion, Vernetzung mit Expert*innen

Der Konnektivismus passt sich der VUKA-Welt an und zeigt, dass Lernen im 21. Jahrhundert nicht nur individuell, sondern auch vernetzt und dynamisch ist.

Wichtige Erkenntnis für den Unterricht

Für einen erfolgreichen Lehr-Lern-Prozess ist entscheidend, dass Lehrkräfte Lehr-Lern-Theorien bewusst und gezielt anwenden. Durch den gezielten Einsatz verschiedener Ansätze – wie etwa Feedback im behavioristischen Ansatz oder gemeinsames Wissenserarbeiten im konstruktivistischen Ansatz – lässt sich der Lernprozess gezielt fördern und effektiver gestalten.

1.5 Welche aktuellen Herausforderungen und Trends in der Didaktik sind für Thomas Gruber relevant und wie kann er sie in seinem Unterricht berücksichtigen?

Anna: Sag' mal, Thomas, hast du eigentlich das interaktive Whiteboard benutzt?
Thomas: Nein, ich hab' lieber alles auf dem Flipchart erklärt. Ich finde, das reicht völlig aus.
Anna: Hm, möglicherweise schauen sich das einige Schüler*innen lieber in einem Video an, weil sie sich das dann besser merken können.
Thomas: Echt? Ist das nicht zu viel Technik im Unterricht?
Anna: Nicht unbedingt. Moderne Didaktik beschäftigt sich genau damit: Wie können neue Medien und Methoden helfen, Lernprozesse effektiver zu gestalten? Da gibt's einige spannende Ansätze.

Das Fallbeispiel 1.1 thematisiert Herausforderungen wie Diversität, Inklusion und Digitalisierung. Thomas Gruber ignoriert moderne Technologien und differenzierte Lernbedarfe, was den Unterricht unzeitgemäß macht. Trends wie Digitalisierung, Inklusion und Globalisierung prägen die Didaktik. Lehrkräfte, die diese Herausforderungen nicht berücksichtigen, verschenken Lernpotenziale.

Das SAMR-Modell (*Substitution*, *Augmentation*, *Modification*, *Redefinition*) z. B. wurde von Ruben R. Puentedura (2006) entwickelt und beschreibt, wie digitale Technologien im Unterricht eingesetzt werden können. Es hilft Lehrkräften dabei, den Grad der technologischen Integration in ihren Unterricht zu reflektieren und bewusst zu gestalten.

Das Modell besteht aus vier Stufen:

1. *Substitution (Ersetzung):* Technologie ersetzt ein analoges Medium, ohne den Lernprozess grundlegend zu verändern. Beispiel: Ein digitales Arbeitsblatt ersetzt ein ausgedrucktes Arbeitsblatt bzw. ein Video-Tutorial Erläuterungen auf dem Flipchart.
2. *Augmentation (Erweiterung):* Technologie bringt funktionale Verbesserungen mit sich. Beispiel: Ein interaktives Quiz-Tool ersetzt ein schriftliches Quiz und ermöglicht sofortiges Feedback.
3. *Modification (Modifikation):* Technologie verändert die Unterrichtsmethoden und ermöglicht neue Formen des Lernens. Beispiel: Lernende erstellen kollaborative Präsentationen mit interaktiven Elementen anstelle einer klassischen PowerPoint-Präsentation.
4. *Redefinition (Neudefinition):* Technologie ermöglicht völlig neue Lernprozesse, die ohne digitale Tools nicht möglich wären. Beispiel: Schüler*innen produzieren Podcasts oder Videos und teilen diese weltweit, um mit Expert*innen in Austausch zu treten.

Wichtige Erkenntnis für den Unterricht

Das SAMR-Modell unterstützt Lehrkräfte dabei, digitale Technologien gezielt einzusetzen, nicht als Selbstzweck, sondern um den Unterricht didaktisch sinnvoll zu bereichern und neue Lernmöglichkeiten zu schaffen.

Tipps und Checkliste: Lernende aktiv einbeziehen.

Vermeiden Sie reine Wissensvermittlung, lassen Sie die Schüler*innen selbst entdecken, anwenden und reflektieren. Praxisnahe Aufgaben und interaktive Methoden erhöhen das Verständnis und die Motivation.

1. Habe ich meinen Unterricht so geplant, dass alle Schüler*innen mitarbeiten können?
2. Stelle ich Fragen, um sicherzugehen, dass alle den Inhalt verstanden haben?
3. Nutze ich unterschiedliche Methoden, um verschiedene Lernstile anzusprechen?
4. Nutze ich Medien oder interaktive Elemente zur Unterstützung?

Zusammenfassung

Nun, da Sie die zentralen didaktischen Grundlagen kennengelernt haben, betrachten wir in Fallbeispiel 1.2, wie Thomas Gruber seinen Unterricht überarbeitet hat. Welche Änderungen helfen ihm dabei, seinen Unterricht effektiver und interaktiver zu gestalten?

Fallbeispiel 1.2: Thomas Gruber – Wie er durch Reflexion und didaktische Anpassung seinen Unterricht weiterentwickelt hat

Nach seiner ersten Unterrichtserfahrung reflektiert Thomas Gruber seine Vorgehensweise und bespricht seine Herausforderungen mit seiner Kollegin Anna Meier. Beim nächsten Mal startet Thomas die Stunde mit einem kurzen Video zur Motorzerlegung, das er über das interaktive Whiteboard zeigt. Er erinnert sich an die konstruktivistische Didaktik, die betont, dass Lernende Wissen selbstständig aufbauen, wenn sie mit anschaulichen Materialien arbeiten. Danach lässt er die Schüler*innen in Kleingruppen besprechen, welche Arbeitsschritte besonders wichtig sind. Statt alle Schüler*innen gleich zu behandeln, teilt Thomas sie in drei Gruppen mit differenzierten Aufgaben ein. Er bezieht sich dabei auf Klafkis kritisch-konstruktive Didaktik, die betont, dass Unterricht bedeutsam, exemplarisch und anschlussfähig sein sollte: Die Anfänger*innen-Gruppe erhält eine Schritt-für-Schritt-Anleitung und arbeitet mit einer*einem erfahreneren Lernpartner*in. Die Fortgeschrittenen lösen die Aufgabe mit gezielten Reflexionsfragen zur Fehleranalyse. Die Gruppe der Expert*innen erarbeitet ein kurzes Erklärvideo für die Klasse, um ihr Wissen weiterzugeben. Während der Arbeitsphase geht Thomas durch die Reihen, stellt Fragen und gibt individuelles Feedback. Er berücksichtigt, dass erfolgreicher Unterricht interaktiv, differenziert und praxisnah sein sollte, wie es die didaktische Forschung hervorhebt. Am Ende der Stunde reflektiert die Klasse gemeinsam: „Welche Herausforderungen hattet ihr? Wie habt ihr sie gelöst?“ „Was hat euch geholfen, die Aufgabe besser zu verstehen?“ „Welche Methoden könnten wir in der nächsten Stunde ausprobieren?“ Zum ersten Mal spürt Thomas, dass der Unterricht flüssiger läuft, die Schüler*innen motivierter sind und mehr mitdenken. Während er seine Materialien zusammenräumt, denkt er: „Heute habe ich nicht nur unterrichtet, sondern Lernen ermöglicht.“

Reflexionsfragen

1. Wie hätten Sie Thomas Grubers Unterricht anders gestaltet? Überlegen Sie mindestens drei konkrete Veränderungen.
2. Haben Sie schon einmal in einer Lernsituation erlebt, dass eine Methode nicht funktioniert hat? Warum war das so?
3. Denken Sie an eine Lernsituation, in der Sie selbst etwas Schwieriges lernen mussten. Welche Methoden haben Ihnen geholfen? Wie könnten Sie das auf Ihren Unterricht übertragen?
4. Wie könnten Sie das SAMR-Modell oder andere digitale Ansätze sinnvoll in Ihren Unterricht integrieren, um mehr als nur eine Ersetzung analoger Methoden zu erreichen?

Literaturtipps

Zur Einführung in didaktische Ansätze und zur Gestaltung von Lehr-/Lernprozessen siehe

1. Lehner, M. (2019). *Didaktik*. utb basics.
2. Jank, W. & Meyer, H. (2020). *Didaktische Modelle*. 14. Aufl. Cornelsen.

Zum gehirngerechten Lehren und Lernen siehe

3. Herrmann, U. (2020). *Neurodidaktik: Grundlagen und Vorschläge für gehirngerechtes Lehren und Lernen*. Beltz.

Literatur

Arn, C. (2020). *Agile Hochschuldidaktik*. Beltz Juventa.

Baumgartner, P. & Payr, S. (1997). *Erfinden lernen*. In K. H. Müller & F. Stadler (Hrsg.), *Konstruktivismus und Kognitionswissenschaft. Kulturelle Wurzeln und Ergebnisse. Zu Ehren Heinz von Foersters* (S. 89–106). Springer.

Duch, B. J., Groh, S. E. & Allen, D. E. (Hrsg.). (2001). *The Power of Problem-Based Learning.* Stylus Publishing.
Ginnis, P. (2001). *The Teacher's Toolkit: Raise Classroom Achievement with Strategies for Every Learner.* Crown House Publishing.
Gigerenzer, G. (2013). *Risiko: Wie man die richtigen Entscheidungen trifft.* Bertelsmann.
Green, N. & Green, K. (2005). *Kooperatives Lernen im Klassenraum und im Kollegium: Das Trainingsbuch.* Kallmeyer.
Gudjons, H. (2014). *Handlungsorientiert lehren und lernen: Schüleraktivierung – Selbsttätigkeit – Projektarbeit.* Julius Klinkhardt.
Konrad, K. & Traub, S. (2019). *Kooperatives Lernen: Theorie und Praxis in Schule, Hochschule und Erwachsenenbildung.* wbv.
Lehner, Martin (2019). *Didaktik.* utb basics.
Popper, K. R. (1993) *Objektive Erkenntnis: Ein evolutionärer Entwurf.* Hoffmann und Campe.
Ruben R. Puentedura (2006). *Transformation, Technology, and Education.* http://hippasus.com/resources/tte/
Reich, C. & Reich, K. (2025). *Digitale Didaktik: Modelle und Methoden für eine erfolgreiche Praxis. Mit E-Book inside.* Beltz.
Siemens, G. (2005). Connectivism: A Learning Theory for the Digital Age. *International journal of instructional technology & distance learning, 2*(1).
Verlagsgruppe Beltz (Hrsg.) (2023). Agile Methoden für Schule und Unterricht, *Pädagogik, 4.*
Wampfler, P. (2024). *L'école, c'est moi: Schüler:innen im Zentrum zeitgemäßen Unterrichts.* Hep.

2 Planung und Vorbereitung

Sandra Menner, Peter Preitler

Schlagworte

Unterrichtsplanung, Lernziele, Verlaufsmodelle, Methoden, Medien, Sozialformen, Zeitmanagement

Orientierung

Dieses Kapitel unterstützt Berufseinsteiger*innen der Berufsbildung bei der Entwicklung ihrer Planungs- und Vorbereitungskompetenzen, indem es ihnen praktische Anleitungen zur Verfügung stellt, um effektive Unterrichtseinheiten zu gestalten.

Fallbeispiel 2.1: Simone Kirchmeir – Unterrichtplanung muss erlernt werden!

Simone Kirchmeir, 35 Jahre alt, hat vor wenigen Wochen ihren Quereinstieg als Lehrerin an einer Berufsschule begonnen. Nach über zehn Jahren Berufserfahrung als kaufmännische Projektleiterin in einem international tätigen Unternehmen bringt sie viel Erfahrung und Fachwissen mit. Die Arbeit mit jungen Menschen und die Möglichkeit, ihre Erfahrungen weiterzugeben, hatten sie motiviert, den Schritt in die Schule zu wagen. Schon vor ihrem ersten Schultag hatte sich Simone vorbereitet, zumindest dachte sie das. Sie hatte sich die Lehrpläne angesehen, eine Lehrstoffverteilung erhalten und durch das Schulbuch geblättert. Ihre Strategie war klar: „Ich starte einfach am Anfang des Schulbuches und arbeite mich durch. Ich habe genug Praxisbeispiele, die den Unterricht spannend machen werden und zur Not kann ich ja jemanden fragen.“ Doch schon die ersten Unterrichtsstunden liefen nicht nach Plan. In ihrer ersten Klasse befanden sich 18 Schüler*innen, einige aufmerksam, andere mit verschränkten Armen, desinteressiert oder sogar gelangweilt. Simone begann mit einer theoretischen Einführung und schilderte ein anschauliches Beispiel aus ihrer Berufspraxis. Doch nach wenigen Minuten schienen die meisten Schüler*innen abzuschalten. Einige tuschelten, andere starrten auf ihre Handys. „Also gut“, dachte Simone, „vielleicht mehr Praxis.“ Sie stellte Fragen, aber es kam kaum eine Antwort. Die wenigen Reaktionen waren knapp oder ausweichend. Als sie nach 20 Minuten eine Gruppenarbeit einleitete, wusste die Hälfte der Klasse nicht, was zu tun war. Andere machten gar nicht erst mit. Die Stunde endete chaotisch, Simone war frustriert. In den nächsten Stunden versuchte Simone, den Stoff schneller durchzugehen, um die Aufmerksamkeit zu halten, mit mäßigem Erfolg. Einmal hatte sie zu viel Stoff für die geplante Zeit, dann wieder war sie schon nach 30 Minuten mit den Inhalten fertig. Der Übergang zwischen den einzelnen Themen wirkte oft holprig und die Schüler*innen verloren immer wieder den Faden. Die Motivation der Klasse sank zusehends. Nach einer besonders schwierigen Doppelstunde mit dieser Klasse, in der die Schüler*innen kaum mitgearbeitet hatten, setzte sich Simone nachdenklich in das Lehrer*innenzimmer. Ihre Kollegin, Karin Becor, setzte sich zu ihr. „Na, wie läuft's?", fragte sie freundlich. Simone seufzte: „Ehrlich gesagt… nicht gut. Ich dachte, mein Fachwissen reicht aus, um den Unterricht gut zu gestalten. Aber irgendwie läuft es in meinem Unterricht nicht rund. Die Schüler*innen hören nicht zu, arbeiten nicht mit, und ich weiß oft nicht, wie ich das alles unter einen Hut bringen soll. Wie plant man eigentlich eine Unterrichtsstunde?" Karin nickte verständnisvoll: „Es ist gut, dass du das ansprichst. Planung und Vorbereitung sind sehr wichtig. Vielleicht planen wir einmal gemeinsam eine Unterrichtseinheit? Dann zeige ich dir ein paar Zugänge, die bei meinen Klassen gut funktionieren." Simone nickte erleichtert. Zum ersten Mal seit Wochen hatte sie das Gefühl, dass es eine Lösung für ihre Schwierigkeiten geben könnte.

Was macht Simone Kirchmeir?

Simone hat sich vor ihrem ersten Unterricht viele Gedanken gemacht und das war bereits ein wichtiger Schritt. Sie hat die Lehrpläne durchgesehen, eine Lehrstoffverteilung erhalten und überlegt, wie sie ihre praktischen Erfahrungen aus der Berufswelt im Unterricht nutzen kann. Doch in der Realität hat das nicht ausgereicht. Die Schüler*innen waren oft desinteressiert, die Mitarbeit blieb aus und der geplante Ablauf funktionierte nicht wie erwartet. Simone hat erkannt, dass es nicht nur darum geht, Fachinhalte lehrer*innenzentriert zu vermitteln, sondern die Schüler*innen aktiv einzubinden, und genau hier liegt die Herausforderung. Wenn Simone nichts ändert, könnte die fehlende Mitarbeit der Schüler*innen zu Frust auf beiden Seiten führen, bei ihr und bei den Schüler*innen. Doch der erste wichtige Schritt ist bereits getan: Simone hinterfragt ihre Vorgehensweise und sucht nach Lösungen. Ihre Bereitschaft, mit ihrer erfahrenen Kollegin Karin Becor eine Stunde zu planen und neue Zugänge durch vielfältige Methoden auszuprobieren, zeigt, dass sie reflektiert und offen für Verbesserung ist. Gut ist, dass Simone ihre Fachkenntnisse und praktischen Erfahrungen in den Unterricht einbringen will. Diese Verbindung zwischen Theorie und Praxis ist ein wertvoller Vorteil. Jetzt geht es darum, diese Inhalte so aufzubereiten, dass die Schüler*innen aktiv werden und der Unterricht strukturierter und abwechslungsreicher wird. Wenn Simone diese neue Perspektive auf die Unterrichtsplanung gewinnt, wird die Motivation und die Mitarbeit der Schüler*innen nachhaltig steigen.

Leitfragen

1. Wie hilft Simone Kirchmeir eine Verlaufsplanung bei der Erstellung einer gut strukturierten Unterrichtseinheit?
2. Welche Aspekte sollte sie bei Lernzielformulierungen beachten und weshalb ist eine klare Zielsetzung wichtig für einen strukturierten Unterrichtsverlauf?
3. Wie kann sie den unterschiedlichen Lernvoraussetzungen und Lernzugängen mit der entsprechenden Auswahl von Methoden, Medien und Sozialformen begegnen?

Was sagt die didaktische Forschung in Bezug auf die Unterrichtsplanung und welche gesetzlichen Bestimmungen nehmen Bezug zur Unterrichtsvorbereitung?

„Guter“ Unterricht beginnt mit einer durchdachten Planung. Eine klare Struktur gibt nicht nur den Schüler*innen Orientierung, sondern schafft auch Sicherheit für die Lehrperson. Durch eine entsprechend vorbereitete Unterrichtsplanung kann die Lehrperson souveräner auf unerwartete Situationen reagieren, ohne den Überblick auf den weiteren Unterrichtsverlauf zu verlieren. Das Schulunterrichtsgesetz (SchUG, 2025) verpflichtet Lehrkräfte zur sorgfältigen Unterrichtsvorbereitung und -planung (§ 17 SchUG). Hierbei wird die Bedeutung der Unterrichtsvorbereitung und der direkte Zusammenhang zwischen Vorbereitung und Unterrichtsqualität aufgezeigt. Unabhängig von etwaigen gesetzlichen Bestimmungen zeigt die Unterrichtsrealität die pädagogische Notwendigkeit einer soliden Planung und Vorbereitung. Die Wirkung einer guten Vorbereitung auf den Unterrichtserfolg wird beispielsweise durch die Hattie-Studie wissenschaftlich belegt. Sie zeigt auf, dass die Qualität des Unterrichts und die Professionalität der Lehrkraft einen großen Einfluss auf den Lernerfolg der Schüler*innen haben (Steffens & Höfer, 2016, S. 47 ff.; Visible Learning, o. J.).

Erst durch eine gut überlegte Planung kann auf die unterschiedlichen Bedürfnisse der Lernenden durch flexible Unterrichtsgestaltung und passende Methodenwahl eingegangen und können die Unterrichtsziele klar und konsequent verfolgt werden. Zusammenfassend kann gesagt werden, dass eine sorgfältige Unterrichtsplanung unter Anwendung geeigneter Verlaufsmodelle essenziell für einen erfolgreichen Unterricht und den Lernerfolg der Schüler*innen sind.

Ausgehend von der Analyse von Simone Kirchmeirs Unterricht wenden wir uns der ersten der drei Leitfragen dieses Kapitels zu.

2.1 Wie hilft Simone Kirchmeir eine Verlaufsplanung bei der Erstellung einer gut strukturierten Unterrichtseinheit?

„*Ein guter Plan hilft nicht nur den Schüler*innen, sondern auch mir selbst.*" (Unbekannt)

Karin: Hallo Simone, wie läuft's inzwischen im Unterricht?
Simone: Ehrlich gesagt... nicht gut. Die Schüler*innen sind unkonzentriert, machen nicht mit, und ich verliere ständig den Überblick. Entweder bin ich zu schnell fertig oder komme gar nicht mit dem Lehrstoff durch.
Karin: Hm... möglicherweise brauchst du noch etwas mehr Struktur oder musst die Abläufe noch etwas schärfen. Schüler*innen spüren sehr genau, ob sie sicher und klar durch den Unterricht geführt werden.
Simone: Das würde einiges erklären... aber wie bekomme ich das besser hin?
Karin: Lass uns gemeinsam eine Verlaufsplanung erstellen. Mit klaren Zielen, passenden Methoden und einer durchdachten Zeiteinteilung wird es für dich und die Schüler*innen einfacher. Das kriegen wir hin.
Simone: Das wäre wirklich eine Hilfe, danke!

Schüler*innen haben feine Antennen, wenn es darum geht, Struktur im Unterrichtsgeschehen wahrzunehmen, oder besser gesagt das Fehlen dieser. Eine fundierte und durchdachte Planung gibt in erster Linie der Lehrkraft Sicherheit und Struktur und ermöglicht einen klaren und professionellen Unterrichtsverlauf. Hans Peter Nolting verweist in seinen Publikationen zu Unterrichtsstörungen darauf, dass durch einen gut geplanten Unterrichtsverlauf mit klaren Übergängen zwischen den Unterrichtsphasen, die Häufigkeit von Unterrichtsstörungen verringert werden kann (Nolting, 2017, S. 26–73).

Unterricht ist durch verschiedene Phasen, Abschnitte und Vorgehensweisen geprägt und dies soll sich in der Planung widerspiegeln. Dazu werden sogenannte Artikulationsschemata, auch Verlaufsmodelle genannt, zur Strukturierung der Planung verwendet. Diese Verlaufsmodelle helfen der Lehrkraft die Lernziele, Methoden, Sozialformen und Materialien aufeinander abzustimmen und die Unterrichtsphasen zeitlich zu organisieren.

Definition

Ein *Verlaufsmodell* nach Unterrichtsphasen beschreibt den strukturellen Aufbau und den zeitlichen Ablauf von Unterrichtseinheiten. Es wird als Orientierungshilfe von der Lehrkraft genutzt und versucht, die verschiedenen Phasen des Lehr- und Lernprozesses gut aufeinander abzustimmen. Hilbert Meyer hat in seinem

„Leitfaden zur Unterrichtsvorbereitung“ darauf hingewiesen, dass Verlaufsplanungen „die wichtigsten Bausteine der didaktisch-methodischen Durchdringung eines Themas“ (Meyer, 2007, S. 35) darstellen.

Kernaussage

Ohne Planung – hier im Speziellen der Gliederung des Unterrichts – geht es nicht. Die Unterrichtsplanung stellt neben der gesetzlichen Verpflichtung vor allem eine pädagogische Notwendigkeit dar.

Gliederung des Unterrichts in unterschiedliche Phasen

Die Gliederung des Unterrichts in unterschiedliche Phasen hilft Lehrpersonen, den Unterricht zu rhythmisieren. In Anlehnung an Meyer kann für Unterrichtsplanungen am Beginn des Lehrer*innen-Daseins folgender Dreischritt hilfreich sein (vgl. *Abbildung 2.1*).

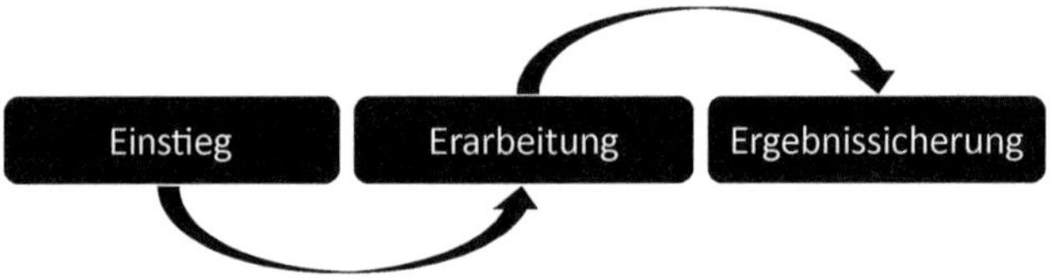

Abbildung 2.1: Verlaufsmodell nach Unterrichtsphasen (eigene Darstellung nach Meyer, 2002)

In der *Einstiegsphase* muss den Schüler*innen nähergebracht werden, worum es in der Unterrichtseinheit geht. Die Bekanntgabe des Themas, Hinweise auf Ziele der Einheit und warum diese Inhalte für die Schüler*innen bedeutsam sind, werden als *informierender Unterrichtseinstieg* bezeichnet und sind wichtig, damit diese die Sinnhaftigkeit des Unterrichts besser verstehen. Weiters erfolgt in dieser Phase die Hinwendung zum Thema. Hier muss bereits das Interesse der Schüler*innen durch einen geeigneten Unterrichtseinstieg geweckt werden. Bildimpulse, Fragestellungen als Aufhänger und Praxisbeispiele können sich dafür eignen. Weiters kann durch die beispielhaft genannten methodischen Zugänge das Vorwissen der Schüler*innen aktiviert werden.

In der *Erarbeitungsphase* geht es darum, neues Wissen zu vermitteln und an bestehendes anzuknüpfen. Dies kann durch einen kurzen Lehrer*innen-Vortrag in Form einer Erklärung, welche abhängig von der Aufmerksamkeits-/Konzentrationsspanne der Schüler*innen ist, erfolgen. Unterricht soll nicht zu stark lehrer*innenzentriert sein und die Schüler*innen sollen durch geeignete Aufgabenstellungen und passenden Methodeneinsatz aktiviert werden. Eine Orientierung an den Lernenden holt die Schüler*innen dort ab, wo diese im

Kompetenzerwerb stehen, und die Lehrperson setzt dementsprechend *variable Lehr- und Lernmethoden* ein (Kulmhofer-Bommer & Diekmann, 2021, S. 433). Der Einsatz unterschiedlicher Methoden, Sozialformen und Medien kann diese Unterrichtsphase abwechslungsreicher gestalten und unterschiedliche Kompetenzbereiche (Fach-, Methoden-, Personal- und Sozialkompetenzen) adressieren. In dieser Phase ist ausreichend Zeit für das *angeleitete Üben* einzuplanen. Dabei sollten Aufgabenstellungen dem *Prinzip der zunehmenden Komplexität* folgen – also von leicht nach schwer aufgebaut sein – und den Schüler*innen eine hohe Erfolgsquote ermöglichen (Brüning & Saum, 2020, S. 10).

In der Phase der *Ergebnissicherung* werden die neu gelernten Inhalte im größeren Kontext festgehalten. Dies kann z. B. durch Präsentationen, Vorträge, Diskussionen, Niederschriften, schriftliche und mündliche Berichte, selbstständiges Üben u. v. m. erfolgen. Die Vernetzung von Wissen aus verschiedenen Fachgebieten und Wissen über betrieblich als auch gesellschaftlich relevante Anwendungen, sollte hier gefördert werden. Kompetenzorientierter Unterricht zielt darauf ab, dass Erlerntes von den Lernenden auf ihren Lebens- und Berufsalltag übertragen werden kann. Das Aufzeigen von lebensnahen Beispielen und der Transfer auf konkrete, berufliche Anwendungsmöglichkeiten gibt den Schüler*innen die Möglichkeit, die neu gelernten Inhalte in einem sinnstiftenden Kontext einzubinden (BMUKK, 2011, S. 23). In der Phase der Ergebnissicherung ist es weiters wichtig, Rückmeldung von den Lernenden zum aktuellen Lernstand zu erhalten, um mögliche Unterstützungsbedarfe identifizieren zu können. Dies kann durch formative Feedbacks in Form von einfachen Blitzlichtrunden bis hin zu schriftlichen Rückmeldungen erfolgen.

In der Fachliteratur werden verschiedene Verlaufsmodelle beschrieben und vorgestellt. Nicht alle Verlaufsmodelle eignen sich gleichermaßen für den Einsatz im Unterricht. Die Auswahl des Verlaufsmodells ist unter anderem vom Fachgebiet abhängig. So unterscheiden sich fachtheoretische, fachpraktische, allgemeinbildende und betriebswirtschaftliche Unterrichtsgegenstände in der Planung oftmals erheblich voneinander und bedürfen eines angepassten Verlaufsmodells. Das AVIVA-Modell (Städeli et al., 2021) mit seinen fünf Phasen (*A*nkommen, *V*orwissen aktivieren, *I*nformieren, *V*erarbeiten, *A*uswerten) empfiehlt sich zur ersten vertiefenden Auseinandersetzung mit dem Thema.

Wichtige Erkenntnis für den Unterricht

Die Gliederung des Unterrichts in unterschiedliche Phasen hilft, dass kein wichtiger Bereich (bspw. der Unterrichtseinstieg als Visitenkarte, ausreichend Zeit zum Üben) vergessen wird, und gibt dem Unterricht einen Rhythmus. Dabei ist ein effektives Zeitmanagement ein zentraler Erfolgsfaktor. Die Fähigkeit, die Planung flexibel anzupassen, ermöglicht es, auf unterschiedliche Lernsituationen angemessen zu reagieren. Für jede Unterrichtsphase (Einstieg, Erarbeitung,

Ergebnissicherung) sind konkrete Zeitrichtwerte festzulegen und im Blick zu behalten. Berücksichtigen Sie in Ihrer Planung ausreichend Pufferzeiten für Rückfragen und Diskussionen.

2.2 Welche Aspekte sollte Simone Kirchmeir bei Lernzielformulierungen beachten und weshalb ist eine klare Zielsetzung wichtig für einen strukturierten Unterrichtsverlauf?

Karin: Und, wie läuft's mit der Planung?
Simone: Ich weiß nicht… irgendwie habe ich das Gefühl, dass ich mit meinem Unterricht nicht das erreiche, was von mir gefordert wird. Ich schaue mir die Inhalte als Vorbereitung im Schulbuch genau an und überlege mir, was ich mit den Schüler*innen machen kann.
Karin: Okay, mir hilft es immer wieder, wenn ich mir den Lehrplan zur Hand nehme. Im Lehrplan stehen Bildungs- und Lehraufgaben, die mir zeigen, wo ich mit den Schüler*innen hin soll, und dann leite ich mir daraus konkrete Lernziele ab.
Simone: Also Orientierung am Lehrplan, Lernziele überlegen… Okay, ich probier's.
Karin: Wir machen das gemeinsam, das wird schon.

Vom Lehrplan zur konkreten Unterrichtsstunde (und noch weiter)

Lehrpläne formulieren in den allgemeinen Bildungszielen die Wichtigkeit und Bedeutsamkeit von Handlungskompetenzen bei Schüler*innen. Diese sollen durch die schulische Ausbildung befähigt werden, in verschiedenen fachlichen, sozialen, methodischen und personalen Bereichen geeignete Handlungen setzen zu können. Die Handlungskompetenz zeigt sich, wenn Schüler*innen geeignete berufs- und situationsspezifische Handlungen im Zuge von konkreten Problemstellungen ausführen (Weinert, 2002, S. 27). Der Lehrplan definiert mit den Bildungs- und Lehraufgaben der einzelnen Unterrichtsgegenstände die inhaltliche Dimension der Kompetenz und das Kompetenzniveau. Die Bildungs- und Lehraufgaben geben eine Orientierung, über welche Fertigkeiten Schüler*innen verfügen sollten, und helfen, konkrete Ziele für den Unterricht zu formulieren.

Definition

Lernziele beschreiben *„das angestrebte Lernergebnis“*, das Schüler*innen nach Abschluss eines bestimmten Lernabschnitts erreichen sollen (Schelten, 2004, S. 200). Sie definieren einen angestrebten Zustand der Handlungsfähigkeit. Das Lernziel einer Unterrichtseinheit zum Thema „Prozentrechnung“ könnte beispielweise wie folgend formuliert sein: *„Die Schüler*innen führen Prozentrechnungen selbstständig durch.“* Da hierbei vor allem die intellektuellen Fähigkeiten der

Lernenden adressiert werden, wird dieses Lernziel den kognitiven Lernzielen zugeordnet. Neben den angesprochenen kognitiven Lernzielen sollten aber auch affektive (Haltung, Einstellung, Emotionen) und psychomotorische Lernziele (motorische Fähigkeiten) verfolgt werden (Bloom, 1976, S. 200). Gerade in den allgemeinbildenden und betriebswirtschaftlichen Fächern sowie in den fachtheoretischen Unterrichtsgegenständen überwiegen die kognitiven Lernziele. Es muss jedoch darauf hingewiesen werden, dass alle drei Lernzielbereiche als gleichwertig und als untrennbar angesehen werden müssen.

Die Formulierung von Lernzielen bildet den Ausgangspunkt einer Unterrichtsplanung. Durch die Verwendung von *aktiven* Verben, den sogenannten *Operatoren*, können Lernziele klar und eindeutig beschrieben und ein gewünschtes Schüler*innenverhalten vordefiniert werden. Je konkreter die Lernziele formuliert werden, desto leichter lassen sich diese in Leistungsaufgaben im Rahmen von Tests, Schularbeiten, mündlichen Prüfungen etc. überführen. In der nachfolgenden *Abbildung 2.2* sind Beispiele für aktive Verben zu unterschiedlichen Kompetenzniveaus genannt, welche für Lernzielbeschreibungen verwendet werden können (Brägger & Steiner, 2022).

1 Wissen	aufschreiben, beschreiben, aufzählen, benennen, ermitteln, wiedergeben, ausführen, skizzieren, kennzeichnen	2 Verstehen	zusammenfassen, verdeutlichen, erläutern, zuordnen, erklären, interpretieren, demonstrieren, darstellen	3 Anwenden	anfertigen, zubereiten, durchführen, berechnen, herstellen, lösen, herausfinden, diskutieren, verbessern
4 Analysieren	gliedern, strukturieren, kategorisieren, in Beziehung setzen, ermitteln, vergleichen, unterscheiden, gegenüberstellen	5 Bewerten	begründen, beurteilen, einschätzen, Stellung nehmen, prüfen, vertreten, rückmelden, reflektieren, argumentieren	6 Entwickeln	produzieren, gestalten, erfnden, konstruieren, modellieren, entwerfen, planen, kombinieren, weiterentwickeln

Abbildung 2.2: Operatoren und Verarbeitungstiefen (eigene Darstellung nach Brägger & Steiner, 2022)

Abbildung 2.2 ordnet verschiedene Operatoren unterschiedlichen Verarbeitungstiefen des Lernens und Könnens zu. Bei der Formulierung von Aufgabenstellungen ist darauf zu achten, dass Aufgabenstellungen nicht nur im Bereich der *Reproduktion* von Wissen (Stufe 1) bleiben, sondern das Aufgabenstellungen in Lernaufgaben in der *Tiefe der Verarbeitung* fortschreiten (Stufe 2 bis Stufe 6).

Kernaussage/Zitat 1

> „*Wer nicht genau weiß, wohin er will, landet leicht da, wo er gar nicht hin wollte.*“ (Robert F. Mager, 1973)

Wichtige Erkenntnis für den Unterricht

Zu Beginn der Unterrichtsplanung sollte überlegt werden, welche konkreten, überprüfbaren und messbaren Lernziele angestrebt werden. Dabei sind nicht nur der kognitive Bereich, sondern auch affektive und psychomotorische Zugänge zu berücksichtigen. Es ist nicht erforderlich, für jeden minimalen Lernschritt ein spezifisches Ziel festzulegen.

2.3 Wie kann Simone Kirchmeir den unterschiedlichen Lernvoraussetzungen und Lernzugängen mit der entsprechenden Auswahl von Methoden, Medien und Sozialformen begegnen?

Karin: Und, wie funktioniert's jetzt mit dem Unterricht?
Simone: Etwas besser, da ich mir nun klar überlege, welche Lernziele ich mit meinem Unterricht erreichen möchte. Trotzdem habe ich teilweise das Gefühl, dass die Schüler*innen nicht richtig mitziehen. Egal, was ich mache, oft bleibt die Beteiligung gering.
Karin: Vielleicht liegt es an der Methode, der Sozialform oder den Medien? Klassen reagieren unterschiedlich auf die methodischen Zugänge. Hast du mal überlegt, ob die Methode zu den Lernzielen und der Gruppe passt?
Simone: Ich gebe meistens Arbeitsblätter aus und lasse die Schüler*innen allein arbeiten. Das ist halt am einfachsten…
Karin: Versuch, mehr Abwechslung reinzubringen… Gruppenarbeit, Diskussionen, vielleicht mal ein Video oder ein digitales Tool. Die richtige Mischung hält die Aufmerksamkeit und fördert die Kompetenzentwicklung.
Simone: Guter Tipp, ich probier's aus.

Didaktisch planvolles Vorgehen der Lehrkraft beinhaltet unter anderem Überlegungen zur Wahl geeigneter Methoden, Medien und Sozialformen im Unterricht. Das korrekte Zusammenspiel dieser Bereiche hat einen bedeutenden Einfluss auf die Qualität des Lernprozesses und auf die aktive Beteiligung der Lernenden.

Definition

Medien sind in diesem Zusammenhang als Sammelbegriff für Hilfsmittel zur Vermittlung von Lerninhalten zu verstehen. Darunter fallen analoge Werkzeuge wie Tafel, Flipchart oder Arbeitsblätter, aber auch digitale Werkzeuge wie Lernplattformen, Videos oder verschiedene Apps (Kerres, 2013, S. 120 ff.). *Methoden* hingegen beschreiben ein gezieltes Vorgehen. Sie können zur Steuerung und Unterstützung der Lernprozesse eingesetzt werden, wie z. B. Aktivierungsübungen, Projektarbeit, Methoden zum Üben mit Schüler*innen etc. (Bach, 2022, S. 1).

„*Sozialformen regeln die Beziehungsstruktur des Unterrichts*", *so* Meyer (2009, S. 136). *Sozialformen* geben also an, wie im Unterricht gemeinsam gearbeitet wird. Meyer unterscheidet dabei grundlegende Sozialformen wie den Frontalunterricht, die Gruppenarbeit, die Partnerarbeit und die Einzelarbeit. Sozialformen sind allerdings eng mit Methoden verknüpft und beide Begriffe werden in der Praxis oft wenig differenziert verwendet.

Eine bewusste Auswahl von Methoden, Medien und Sozialformen ermöglicht es, unterschiedliche Lernvoraussetzungen und Interessen zu berücksichtigen. Durch die Vielfalt im Methodeneinsatz wird nicht nur die Auseinandersetzung mit den Lehrinhalten gefördert, sondern auch für Abwechslung im Unterrichtsgeschehen gesorgt.

Die Auswahl geeigneter Methoden hängt von verschiedenen Faktoren ab. Nicht jede Methode passt zum Fach, zur Lehrperson, zum Unterrichtsziel oder zu den Bedürfnissen der Lernenden. Bei der Methodenwahl sind folgende Punkte zu berücksichtigen (Bach, 2022, S. 2):

1. Voraussetzungen der Lernenden (z. B. Vorwissen in Bezug auf Fachwissen, methodische Fertigkeiten, Motivation, kognitive Fähigkeiten …)
2. Verfügbare Ressourcen (z. B. Größe Unterrichtsraum, technische Gegebenheiten, Zeitressourcen)
3. Angestrebte Lernziele
4. Kompetenzbereiche des Lehrplans
5. Art der Leistungsfeststellung (formativ, summativ, schriftlich, mündlich etc.)

Beim Einsatz von Sozialformen geht es um die Interaktion der Beteiligten. Die Sozialform mit der höchsten Lehrer*innenzentrierung ist der Frontalunterricht. Frontalunterricht kann von mir als Lehrperson eingesetzt werden, wenn ich möchte, dass alle Lernenden zeitgleich idente Inhalte hören sollen, um beispielsweise eine gemeinsame Ausgangslage zu schaffen. Demnach wird der Frontalunterricht eingesetzt, um in neue thematische Felder einzuführen, um Teilergebnisse zu sammeln oder um zu wiederholen. Einzelarbeiten eignen sich, wenn ich als Lehrperson sicherstellen möchte, dass die Schüler*innen einen höheren Grad an Fertigkeiten erreichen. Um soziale Aspekte im Unterricht zu fördern, sollten Schüler*innen auch gemeinsam in Gruppen- oder Partnerarbeiten arbeiten.

Methoden und Medien unterstützen den Lernprozess und müssen in das jeweilige Lernsetting passen, wie folgende *Tabelle 2.1* zeigt.

Tabelle 2.1: Wirksamkeit und Grenzen von Methoden (Meyer, 2018)

Methoden und Medien *können …*	**Methoden und Medien *können nicht …***
Lernprozesse strukturieren und erleichtern	fehlende Ziele oder eine unklare Struktur ausgleichen
Motivation und aktive Beteiligung fördern	fehlende Motivation oder mangelnde Vorkenntnisse vollständig kompensieren
unterschiedliche Lernstile ansprechen	die individuelle Betreuung durch die Lehrkraft ersetzen
Kompetenzentwicklung gezielt unterstützen	garantieren, dass alle Schüler*innen den Lernstoff verstehen

Wichtige Erkenntnisse für den Unterricht

Methodenvielfalt bedeutet Vermeidung von Monotonie, Motivationsverlust und bei geübtem Einsatz auch eine kontinuierliche Verbesserung des Unterrichts. Gleichzeitig dürfen Methoden und Medien kein Selbstzweck sein, sie sind Werkzeuge, um den Kompetenzaufbau der Lernenden zu unterstützen. Die Auswahl von Medien, Methoden und Sozialformen erfordert eine bewusste Abwägung zwischen didaktischen Zielen, Lernvoraussetzungen und Rahmenbedingungen. Eine reflektierte Medien- und Methodenwahl fördert nachhaltiges Lernen und die Entwicklung von Schlüsselkompetenzen.

Tipps: Unterschiedliche Methoden ausprobieren

Neue Methoden im Unterricht auszuprobieren, kann herausfordernd sein. Nicht jede Methode wird sofort reibungslos funktionieren, das ist völlig normal. Wichtig ist es, dranzubleiben und Erfahrungen zu sammeln.

1. Beginnen Sie mit dem, was Ihnen vertraut ist: Starten Sie mit Methoden, bei denen Sie sich sicher fühlen, und bauen Sie in kleinen Schritten Neues ein. So verlassen Sie Ihre Komfortzone nur für kurze Zeit und steigern nach und nach Ihre Sicherheit.
2. Probieren Sie sogenannte Mikromethoden, wie z. B. die ABC-Methode, das Kettenquiz, das Kugellager, die Punkteabfrage oder das Schneeballverfahren, aus. Hier werden didaktische Impulse von kurzer Dauer (wenigen Minuten) gesetzt, die den Unterrichtsverlauf auflockern können.
3. Ob eine Methode funktioniert, hängt von vielen Faktoren ab, einige davon können Sie direkt beeinflussen (z. B. die Vorbereitung und Struktur der Methode), andere weniger (z. B. die Tagesform der Schüler*innen). Nutzen Sie die Möglichkeit der kollegialen Hospitation: Eine vertraute Kollegin bzw. ein vertrauter Kollege kann Ihren Unterricht beobachten und Ihnen wertvolles Feedback geben. Ebenso inspirierend kann es sein, den Unterricht anderer zu besuchen und neue Impulse zu erhalten.

4. Erweitern Sie Ihren Methodenkoffer: Schauen Sie sich die Sammlung auf IQESonline (https://www.iqesonline.net/) an. Dort finden Sie eine Vielzahl erprobter Methoden und Ideen für Ihren Unterricht. Die Zugangsdaten erhalten Sie von Ihrer Schule. Probieren Sie gezielt Neues aus und reflektieren Sie anschließend, was gut funktioniert hat und wo Sie nachjustieren müssen.
5. Allgemein benötigt Kompetenzaufbau ausreichend Zeit und schreitet kontinuierlich voran. Dies gilt auch für den Aufbau der Methodenkompetenz. Geben Sie daher Ihrem eigenen Kompetenzerwerb ausreichend Zeit und Übungsmöglichkeiten.

Zitat 2

> *„Unterrichtsplanung bedeutet, den Unterricht auf der Grundlage von Lernzielen, Inhalten und Methoden so zu strukturieren, dass die Lernenden optimal beim Wissenserwerb unterstützt werden.“* (Meyer, 2004)

Meyer verdeutlicht mit diesem Zitat die Abhängigkeit und Notwendigkeit der Berücksichtigung verschiedener Bereiche in der Unterrichtsplanung und den stets im Mittelpunkt stehenden Lernprozess der Lernenden. Als Ausgangspunkt der Überlegungen zur Unterrichtsplanung sollten klar definierte Lernziele stehen, welche sich aus den im Lehrplan formulierten Bildungs- und Lehraufgaben ableiten lassen. Die von der Lehrkraft festgesetzten Lernziele sind nicht nur für die Unterrichtsplanung essenziell, sondern bilden im Sinne des Konzeptes des *Constructive Alignment* nach Biggs und Tang (2009) einen wichtigen Anhaltspunkt für die Leistungsüberprüfung. Dieses Konzept beschreibt die Bedeutung der Abstimmung von Lernzielen, Methoden und Bewertungsformen für die Erreichung der gewünschten Lernergebnisse.

Bei der Unterrichtsplanung müssen außerdem Rahmenbedingungen und Ausgangslagen der Lernenden analysiert werden. Eine gezielte Auseinandersetzung mit der Zusammensetzung der Lerngruppe, wie z. B. in Bezug auf Alter, Geschlecht, Lehrbetrieb, kognitive Fähigkeiten, Vorwissen, Lernbiografien sowie spezifische Lebens- und Berufswelten, ist unerlässlich.

Im weiteren Planungsverlauf wird der Unterricht in geeignete Unterrichtsphasen eingeteilt, die Zeiten für Aktivitäten werden festgelegt und passende Methoden, Unterrichtsmaterialien und Sozialformen bestimmt. Eine konkrete Verlaufsplanung in Form eines Stundenbildes wird erstellt. Basierend auf der durchgeführten Planung werden entsprechende Lernaufgaben vorbereitet, der Einsatz von Medien organisiert und die entsprechenden Unterrichtsräume hergerichtet. *Abbildung 2.3* zeigt, welche Bereiche bei der Unterrichtsplanung aufeinander abgestimmt werden sollten.

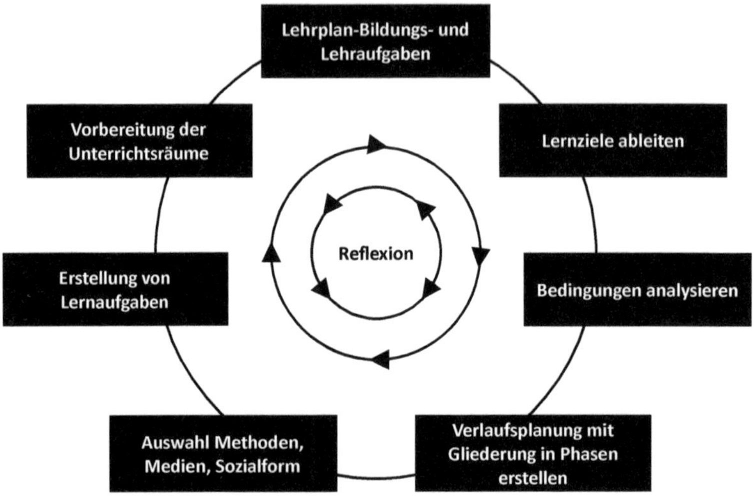

Abbildung 2.3: Abstimmung unterschiedlicher Bereiche bei der Unterrichtsplanung (eigene Darstellung)

Eine gelungene Unterrichtsplanung berücksichtigt vielfältige verzahnte Bereiche, die aufeinander abgestimmt werden müssen. Durch Reflexion der tatsächlich abgehaltenen Unterrichtseinheit kann die ursprüngliche Unterrichtsplanung entsprechend angepasst werden. Wie ein Stundenbild mit Verlaufsplanung aussehen kann, illustriert *Tabelle 2.2.*

Tabelle 2.2: Stundenbild mit Verlaufsplanung nach Phasen zum Thema „Voraussetzungen Kaufvertragsabschluss“ (eigene Darstellung)

Stundenbild mit Verlaufsplanung			
Unterrichtsgegenstand	Angewandte Wirtschaftslehre		
Thema der Unterrichtseinheit	Voraussetzungen Kaufvertragsabschluss		
Klasse	1. Klasse Berufsschule		
Bildungs- und Lehraufgabe Lehrplan	Die Schüler*innen verfügen über Grundkompetenzen zur Teilnahme am Wirtschaftsleben und kennen die rechtlichen Grundlagen für das Zustandekommen des Kaufvertrages.		
Lernziele	Die Schüler*innen *erklären* die Voraussetzungen für das Zustandekommen eines Kaufvertrages in eigenen Worten. Die Schüler*innen *wenden* die Fachbegriffe (übereinstimmende Willenserklärung, Geschäftsfähigkeit, Erlaubtheit, Möglichkeit, Freiwilligkeit) in Fallbespielen *an*. Die Schüler*innen *identifizieren* Probleme zwischen der gelernten Theorie und gelebten Praxis und erläutern diese. Die Schüler*innen *bringen* sich in Gruppenarbeiten konstruktiv *ein*.		

Dauer	Verlaufsplanung nach Phasen	Sozialform	Unterrichtsmittel
20	Einstieg: 1. Begrüßung und Administration 2. Brainstorming durch Fragestellung: „Wer hat heute schon einen Kaufvertrag abgeschlossen?“ Vorwissen wird aktiviert	Plenum	
20	Erarbeitung: 3. Spielerischer Einstieg durch Rollenspiel: Jeweils ein*e Schüler*in bekommt ein Kärtchen mit einer vorgefertigten Rollenbeschreibung, die nachgespielt werden soll. Der Rest der Klasse errät, ob der Kaufvertrag zustande kommt und welche Voraussetzungen angesprochen werden. 4. Fachbegriffe werden in einem Tafelbild zusammengeführt; Lehrperson unterstützt durch Input; Schüler*innen übertragen das Tafelbild auf ihr Arbeitsblatt. 5. Schüler*innen bewerten Fallbeispiele und wenden gelernte Inhalte an konkreten beruflichen und privaten Situationen an.	Gruppenarbeit	Kärtchen mit Rollenbeschreibungen, Tafelbild, Arbeitsblatt Fallbeispiele
10	Ergebnissicherung: 6. Die Ergebnisse werden gemeinsam kontrolliert und ggf. korrigiert. 7. Schüler*innen legen mit den Fachbegriffen der Stunde ein Domino. 8. Didaktische Reserve: Falls noch Zeit vorhanden ist, wird mit den Kärtchen des Tafelbildes wiederholt.	Plenum Einzelarbeit	Domino

Zusammenfassung

Dieses Kapitel beleuchtete verschiedene Aspekte der Unterrichtsplanung. Zum Abschluss dieses Kapitels betrachten wir in Fallbeispiel 2.2, welche Bereiche Simone Kirchmeir in ihrer Unterrichtsplanung verändert hat.

Fallbeispiel 2.2: Simone Kirchmeir – Erfolgreich durch strukturierte Planung

Simone Kirchmeir unterrichtet nun seit einem Jahr an der Berufsschule und die Anfangsschwierigkeiten gehören der Vergangenheit an. Nach den ersten chaotischen Wochen hatte sie sich intensiv mit der Unterrichtsplanung auseinandergesetzt und dabei viel Unterstützung von ihrer Kollegin Karin Becor erhalten. Gemeinsam hatten sie gelernt, die Unterrichtsziele klar zu definieren und die Inhalte in kleine, gut strukturierte Schritte zu unterteilen. Inzwischen läuft ihr Unterricht deutlich runder. Vor jeder Stunde legt Simone nun konkrete Lernziele fest, stimmt die Methoden, Medien und Sozialformen darauf ab und konkretisiert diese Überlegungen in einem Stundenbild. Die Unterrichtsphasen sind klar gegliedert: ein kurzer, motivierender Einstieg, eine aktivierende Erarbeitungsphase und eine abschließende Sicherung der Inhalte. Sie achtet darauf, Theorie und Praxis sinnvoll zu kombinieren und ausreichend Zeit für Fragen und Diskussionen einzuplanen. Auch die Schüler*innen reagieren positiver. Die klaren Strukturen und abwechslungsreichen Methoden sorgen für mehr Beteiligung und Interesse. Dank gezielter Aktivierungen bleiben die Schüler*innen aufmerksamer. Wenn es doch einmal hakt, bleibt Simone flexibel und passt ihre Planung spontan an. Nach einer gelungenen Stunde setzt sich Karin im Lehrer*innenzimmer zu Simone. „Und, wie läuft's?", fragt Karin lächelnd. Simone strahlt. „Gut! Die Schüler*innen machen mit, die Unterrichtszeit nutze ich effektiver und ich habe endlich das Gefühl, die Klasse besser im Griff zu haben, da ich auf Unterrichtsstörungen durch die gezielte Planung präventiv reagieren kann." Karin nickt zufrieden: „Struktur zahlt sich eben aus."

Reflexionsfragen

1. Sind meine Lernziele klar formuliert, überprüfbar und für die Schüler*innen erreichbar?
2. Ist mein Unterricht in klar strukturierte Phasen (Einstieg, Erarbeitung, Ergebnissicherung) gegliedert und habe ich Zeit für Rückfragen und Diskussionen als Puffer eingeplant?
3. Sind die gewählten Methoden, Medien und Sozialformen sinnvoll auf die Lernziele, die Gruppengröße und das Leistungsniveau der Schüler*innen abgestimmt?

Literaturtipps

Zur Unterrichtsvorbereitung siehe

1. Meyer, H. (2007). *Leitfaden Unterrichtsvorbereitung.* Cornelsen.

Für effektive Methoden zur Klassenführung und Konfliktlösung siehe

2. Nolting, H.-P. (2017). *Störungen in der Schulklasse. Ein Leitfaden zur Vorbeugung und Konfliktlösung.* Beltz.

Für über 50 exklusive Methodenkoffer mit praxiserprobten Methoden und Grundlagen für kooperatives Lernen, zeitgemäße Leistungsbeurteilung und Teamentwicklung im Unterricht siehe

3. IQES (o. J.). https://www.iqesonline.net/

Literatur

Bach, A. (2022). *Methodik in der beruflichen Bildung 1. Theoretische Fundierung und methodisches Ordnungsraster.* Bundesinstitut für Berufsbildung.

Biggs, J. & Tang, C. (2009). *Teaching für Quality Learning at University.*

Bloom, B. (1976). *Taxonomie von Lernzielen im kognitiven Bereich.* Beltz.

BMUKK (2011). *Kompetenzorientiertes Unterrichten. Grundlagenpapier.* Eigendruck.

Bonz, B. (2009). *Didaktik und Methodik der Berufsbildung.* Schneider.

Brägger, G. & Steiner, N. (2022). *Das Kompetenzrad als Werkzeug für den Unterricht.* IQES.

Brüning, L. & Saum, T. (2020). Was kommt nach dem Erklären? Üben: Hilfestellungen – Progression – Differenzierung. In *Pädagogik.* Beltz.

Hattie, J. (2013). *Lernen sichtbar machen.* Schneider.

IQES (o. J.). https://www.iqesonline.net/

Kerres, M. (2013). *Mediendidaktik. Konzeption und Entwicklung mediengestützter Lernangebote.* Oldenbourg Wissenschaftsverlag GmbH.

Kulmhofer-Bommer, A. & Diekmann, N. (2021). Qualitätsentwicklung im österreichischen Schulsystem – Kompetenzorientierung als Leitkonzept und dessen Implementierung. In *Nationaler Bildungsbericht.* BMBWF/IQS.

Lehner, M. (2019). *Didaktik.* utb basics.

Mager, R. F. (1973). *Lernziele und Unterricht.* Beltz.

Meyer, H. (2004). *Was ist guter Unterricht?* Cornelsen.

Meyer, H. (2007). *Leitfaden Unterrichtsvorbereitung.* Cornelsen.

Nolting, H.-P. (2017). *Störungen in der Schulklasse. Ein Leitfaden zur Vorbeugung und Konfliktlösung.* Beltz.

Reich, K. (2012). *Konstruktivistische Didaktik.* Beltz.

Riedl, A. (2011). *Didaktik der beruflichen Bildung.* Franz Steiner.

Schulunterrichtsgesetz – SchUG (2025). https://www.ris.bka.gv.at/GeltendeFassung.wxe?Abfrage=Bundesnormen&Gesetzesnummer=10009600

Städeli, C., Maurer, M., Caduff, C. & Pfiffner, M. (2021). *Das AVIVA-Modell: Kompetenzorientiert unterrichten in fünf Phasen.* Hep.

Steffens, U. & Höfer, D. (2016). *Lernen nach Hattie. Wie gelingt guter Unterricht?* Beltz.

Terhart, E. (2009). *Didaktik – Eine Einführung.* Beltz.

Visible Learning (o. J.). *Visible Learning.* https://visible-learning.org/de/

3 Unterrichtsgestaltung

Reinhard Bauer, Gabriela B. Leitner, Jure Purgaj

Schlagworte

Aktivierung von Schüler*innen, Interaktion, Kontextualisierung, Spielraum, Kreativität und Problemlösungskompetenz, Unterrichtsmodelle

Orientierung

Mit diesem Kapitel möchten wir Ihnen etwas an die Hand geben, das Sie im Schulalltag immer wieder brauchen können. Gut vorbereiteter Unterricht ist natürlich Voraussetzung. Aber manchmal nützt die beste Vorbereitung nichts. Unvorhergesehenes durchkreuzt Ihre Pläne und Sie müssen ad hoc Ihre Unterrichtsstunde neu denken und entsprechend handeln. Das kommt gar nicht so selten vor. Fend (2008, S. 323, zit. n. Vieluf et al., 2020, S. 65) spricht von der Unvorhersehbarkeit und Unbeherrschbarkeit des Unterrichtsgeschehens. Dabei muss zwischen Unterrichtsvorbereitung und Unterrichtsgestaltung unterschieden werden: Die Vorbereitung ist der *Plan*, sie legt Ziele, Methoden und Materialien fest. Die *Gestaltung* bedeutet, diesen Plan in der Praxis umzusetzen und ihn bei Bedarf spontan anzupassen. Kurz gesagt: *Vorbereitung = Plan machen. Gestaltung = Plan in die Praxis umsetzen und gegebenenfalls spontan anpassen.* Beide Aspekte greifen ineinander und sind entscheidend für das Initiieren gelingender Lernprozesse. Sie werden sich einerseits auf Ihre Basisfähigkeiten als Lehrperson konzentrieren: präsent sein, erzählen, erklären, zeigen/demonstrieren, instruieren, vortragen. Andererseits geht es bei der Initiierung von Lernprozessen auch darum, die Lernenden dort abzuholen, wo sie sind, sie strukturiert in den Prozess des Kompetenzerwerbs einzubinden und Spielraum für eigene Gestaltung zu ermöglichen.

Fallbeispiel 3.1: Ivana Kovač – Zwischen Anspruch und Wirklichkeit: Kreative Aufgaben ohne kreatives Lernen

Ivana Kovač betritt den Klassenraum in einer Fachschule für Gastronomie und Hotellerie in Salzburg und begrüßt ihre Klasse. Nachdem sie im Klassenbuch eingetragen hat, dreht sie sich zur Tafel und beginnt, stichpunktartig verschiedene Elemente einer traditionellen Menügestaltung vorzustellen und aufzuschreiben: Vorspeise, Suppe, Hauptgang, Dessert inklusive Merkmale. Während ihres Vortrags schaut sie kaum in die Klasse, weil sie mit dem Tafelbild beschäftigt ist. Einige Schüler*innen kritzeln in ihren Heften herum, manche hören Musik und andere unterhalten sich leise. Nachdem sie alles notiert hat, dreht sich Ivana Kovač um und sagt sehr bestimmt: „So, und jetzt erstellt jeder von euch ein Drei-Gänge-Menü für ein gehobenes Restaurant. Dafür habt ihr 35 Minuten Zeit. Ihr sollt einfach mal kreativ sein. Los geht's." Ein paar Schüler*innen fangen sofort an zu schreiben, andere sind zögerlich und bei manchen ist die Ratlosigkeit deutlich spürbar, doch niemand traut sich, laut zu fragen. Eine Schülerin hebt die Hand: „Frau Kovač, ich weiß nicht, ob das so richtig ist." Ivana Kovač winkt ab: „Sei einfach kreativ! Jeder kann ein Menü erstellen." Ein anderer Schüler, der gerne visuell arbeitet, fragt: „Darf ich eine Skizze zum Anrichten zeichnen?" Frau Kovač runzelt die Stirn: „Nein, wir schreiben. Bilder bringen hier nichts." Der Schüler seufzt und kaut weiter seinen Stift. Während der Arbeitsphase der Schüler*innen geht Ivana Kovač durch die Reihen und überlegt, ob sie das Auto am Parkplatz abgeschlossen hat. Dabei schaut sie wiederholt auf die Uhr. Zwei Schüler*innen flüstern miteinander, woraufhin Frau Kovač sofort eingreift: „Wenn ihr redet, kann keiner kreativ sein. Ruhe jetzt!" Gegen Ende der Stunde sagt sie entschieden: „Die Zeit ist um. Bitte gebt die Blätter nach vorne. Ich bin schon sehr gespannt, was euch eingefallen ist." Eine Schülerin fragt: „Präsentieren wir die Menüs oder besprechen wir sie?" Frau Kovač schüttelt den Kopf: „Nein, das kostet zu viel Zeit. Ich schaue mir die Arbeiten zuhause an und gebe euch nächstes Mal Feedback".

Analyse des Fallbeispiels 3.1 – Was bleibt ungenutzt?

Die Lehrperson bleibt im vorliegenden Beispiel mit ihrer gestaltenden Rolle im Lernprozess relativ unsichtbar und undeutlich. Sie gibt eine kurze inhaltliche Übersicht, gibt einen Arbeitsauftrag und bezieht sich in der restlichen Stunde ausschließlich darauf, ohne Adaption. Sie hütet den Arbeitsauftrag und tritt mit ihren *eigenen* Vorstellungen, Ansprüchen und Erwartungen nicht in Erscheinung. Sie übernimmt kaum Verantwortung für den Lernprozess, indem sie die Ausführungen völlig den Schüler*innen überlässt. Ihre ursprüngliche Absicht, dass dadurch Kreativität gefördert wird, geht nicht auf. Das Ziel der Lerneinheit wird nicht verständlich kommuniziert. Sie bezieht ihre Schüler*innen bei der Erstellung der Lernprodukte nicht mit ein, berücksichtigt *deren* Erfahrungen, Vorwissen und Vorstellungen nicht. Greift die Anfragen und Versuche der Schüler*innen an der Unterrichtsgestaltung teilzuhaben (die Aufgabenstellung zu erweitern bzw. anzupassen – z. B. als Zeichnung) nicht auf. Alle bekommen denselben, unstrukturierten Arbeitsauftrag.

Leitfragen

1. Wie kann Ivana Kovač ihre Schüler*innen aktiv einbeziehen und deren Engagement verbessern?

2. Wie könnte sie die Lernsequenz aufbauen, damit ein nachhaltiger Lernerfolg möglich ist?
3. Wie kann sie den kreativen Prozess und die Problemlösungskompetenz bei den Schüler*innen gezielt fördern?

Aktives Einbeziehen der Schüler*innen-Erfahrungen und -Vorstellungen in den Unterricht sowie Partizipation: Die Lehrperson schafft aktiv Gelegenheiten zur Beteiligung am Unterrichtsgespräch z. B. über das Stellen von Fragen oder über das Gestalten einer Mind-Map und durch ein unterstützendes Unterrichtsklima. Das Interesse an der Einstellung und den Vorerfahrungen der Schüler*innen ist für den weiteren Unterrichtsverlauf bedeutend.

Der Arbeitsauftrag soll Sinn ergeben, d. h. für Schüler*innen nachvollziehbar in einen Zusammenhang (lebensweltlicher Kontext) gestellt werden. Der zeitliche und inhaltliche Umfang der Aufgabenstellung soll klar sein; hier geht es z. B. darum, was man unter „gehobener Gastronomie" versteht. Das Lernprodukt den Mitlernenden vorzustellen und damit die eigenen Gedanken und Überlegungen zu teilen, ermöglicht einen größeren Kompetenzzuwachs.

Die pädagogische Präsenz der Lehrperson baut auf der vertrauensvollen Lehrkraft-Schüler*innen-Interaktion auf und bedeutet, die kommunikative Fähigkeit der Lehrkraft, die Aufmerksamkeit aller zu bündeln. Durch das Einbringen der persönlichen Erfahrungen der Lehrperson (z. B. durch Beispiele aus der Praxis) steigt deren Glaubwürdigkeit und das Vertrauen in sie, die Motivation wird verbessert und das Interesse geweckt (Kunze, 2023, S. 87–91).

Ausgehend von der Analyse von Ivana Kovačs Unterricht wenden wir uns der ersten der drei Leitfragen dieses Kapitels zu.

3.1 Wie kann Ivana Kovač ihre Schüler*innen aktiv einbeziehen?

Ulrich Berger, ein Kollege von Ivana: Du siehst nicht besonders zufrieden aus. Wie lief dein Unterricht heute?
Ivana (seufzt): Nicht so gut. Ich habe die Schüler*innen eine Menükarte für ein gehobenes Restaurant entwerfen lassen. Aber viele haben sich schwergetan oder wirkten wenig motiviert. Manche haben gar nichts geschrieben, andere nur das Nötigste. Ich hatte erwartet, dass sie kreativer sind.
Ulrich: Vielleicht haben viele von ihnen noch nie in einem gehobenen Restaurant gegessen?
Ivana (nachdenklich): Stimmt… einige meiner Schüler*innen kommen aus Familien, in denen eher einfach gekocht wird. Ein Drei-Gänge-Menü ist für sie nicht alltäglich.

Ulrich: Du könntest den Unterricht näher an ihre Lebenswelt heranführen, indem du etwa fragst: „Was esst ihr zu besonderen Anlässen mit der Familie? Welche Gerichte gibt es in euren Kulturen?" So hätten sie eine persönliche Verbindung zur Aufgabe.
Ivana (nickt): Das ist eine gute Idee. Ich könnte sie erst über festliche Mahlzeiten sprechen lassen und dann verschiedene Menükonzepte einbringen, vielleicht auch mediterrane, orientalische oder asiatische? *(begeistert)* Das könnte den Unterricht wirklich lebendiger machen! Danke für den Tipp, ich werde die Aufgabe beim nächsten Mal anders angehen!

Definition

Die *lebensweltliche Kontextualisierung* bezeichnet die Einbettung von Lerninhalten in alltagsnahe, für die Lernenden bedeutsame Erfahrungs- und Lebenszusammenhänge. Der Begriff *Lebenswelt* beschreibt dabei die subjektive und offene Erfahrungs- und Alltagswelt von Individuen, in denen sie leben und handeln. Sie ist je nach Alter, Entwicklungsstand, sozialer, ökonomischer und kultureller Herkunft unterschiedlich. Der Begriff beschreibt die tägliche Wirklichkeit, in der wir uns auskennen, die für uns sinnvoll ist (Schütz, 1971). Die Lebenswelt besteht aus kulturell überlieferten und sprachlich organisierten Deutungsmustern, die innerhalb der Gemeinschaft der Lebenswelt geteilt werden (Habermas, 1985, S. 189).

Kontextualisieren bedeutet, etwas zu verknüpfen. Lernen geschieht immer in einer Lernumgebung und in einem definierten Rahmen (Sinnzusammenhang). Berufliches Lernen beispielsweise ist auf das zukünftige berufliche Arbeitsgebiet orientiert. Wenn es gelingt, einen Lerninhalt (hier: Menügestaltung) mit einer realitätsnahen Anwendungssituation für eine bestimmte Zielgruppe (hier: Schüler*innen der Fachschule) zu verknüpfen, wird die Motivation verbessert, die Bedeutung des Gelernten außerhalb des Klassenraumes erkannt und der Inhalt relevant (Parchmann & Kuhn, 2018). Die methodische Vorgehensweise zur Einbeziehung der Schüler*innen kann über die strukturierte Initiierung von Dialogen erfolgen. Beispiele dafür sind: das Lerntempoduett, das Gruppenpuzzle, Gespräche im Doppelkreis, Dilemma-Lernen u. s. w. (siehe Beispiel). Es kann auch lohnenswert sein, Schüler*innen die Lehrpersonenrolle bzw. Expertenrolle zuzuschreiben, wie beispielsweise im Peer-Teaching.

Kernaussage

Ein Lerngegenstand oder „Stoff" wird besser gelernt und verstanden, wenn er an die Lebenswelt der Schüler*innen anknüpft und kontextualisiert wird. Neue Inhalte werden an bereits vorhandenes Wissen angebunden: Um an die (Vor-)Erfahrungen und das (Vor-)Wissen der Lernenden anzuknüpfen, sollte es erfragt werden. Die aktive Präsenz der Lehrperson als Expert*in wirkt durch die Bereitschaft, Beiträge der Lernenden in den Unterricht einzuflechten und anschauliche Beispiele aus dem persönlichen Wissensvorrat beizusteuern, gestaltend.

Zitat

> *„Das Aufschließen von Weltausschnitten, die Dinge zum Singen, zum Sprechen zu bringen, die vorher stumm waren, passiert nicht von alleine. Dabei kommt es sogar entscheidend auf den Lehrer an. Würde der Lehrer die Rolle der ‚ersten Stimmgabel' nicht ausführen, dann würden Schüler sich vielfach nur in den vertrauten Kreisen und Beziehungen bewegen, die sie schon kennen. Das Funkenschlagen aus einer neuen Sache ist eine Aufgabe, die nicht im gänzlich freien Gestalten stattfindet. Auch die Moderatorenrolle reicht nicht aus. Der Lehrer muss als erste Stimmgabel den Ton angeben und die Achsen zum Stoff hin erst einmal zum Klingen und zum Schwingen bringen."* (Rosa, 2016, S. 51)

Der Soziologe Hartmut Rosa zeigt mit diesem Zitat, wie wichtig die Lehrkraft im Lernprozess ist. Er sagt, dass sich Schüler*innen nicht von allein für neue Themen oder Inhalte öffnen – sie brauchen dafür Impulse. Die Lehrperson spielt dabei eine zentrale Rolle: Rosa nennt sie die „erste Stimmgabel". Das bedeutet bildlich gesprochen, dass der Unterricht erst dann in Schwingung kommt, wenn die Lehrkraft selbst Interesse und Begeisterung zeigt und so die Verbindung zwischen Lernenden und Lernstoff möglich macht. Lernen passiert also nicht einfach so – es muss angeregt und begleitet werden.

Beispiel: Dilemma-Lernen

Dem *Dilemma-Lernen* liegt eine für die Zielgruppe und die Situation geeignete *Dilemma-Geschichte* zugrunde, die zwei Wahlmöglichkeiten (*Di*-lemmata) bietet, die beide zu einem unerwünschten Resultat führen. Diese Geschichte wird durch die Ausweglosigkeit als paradox empfunden (Leitner, 2017, S. 38). Eine *Dilemma-Diskussion* folgt einem geregelten Ablauf, in welchem sich Phasen der Herausforderung und Unterstützung abwechseln. Die Lernenden entwickeln einen gegensätzlichen Argumentationspool, der schließlich in seiner Effizienz und Bedeutung von der (gegnerischen) Gruppe bewertet wird. Dilemma-Diskussionen bringen die lebensweltlichen Erfahrungen der Lernenden zum Vorschein (Angele, Leitner & Kuld, 2022, S. 65).

Diese theoretischen Grundlagen lassen sich auf alltagsnahe, pädagogische Entscheidungssituationen übertragen, wie sie im Lehrerberuf häufig auftreten. Solche Situationen enthalten oft unausgesprochene Dilemmata, die durch gezielte Reflexion sichtbar gemacht und im Sinne des Dilemma-Lernens bearbeitet werden können. Ein anschauliches Beispiel dafür bietet der Dialog zwischen Ivana Kovač und ihrem Kollegen Ulrich Berger: Ivana zeigt sich enttäuscht über eine wenig gelungene Unterrichtsstunde, in der ihre Schüler*innen eine Menükarte für ein gehobenes Restaurant gestalten sollten. Die Beteiligung war gering, die

Ergebnisse blieben hinter ihren Erwartungen zurück. Erst im Gespräch wird deutlich, dass viele der Schüler*innen mit gehobener Gastronomie keine eigenen Erfahrungen verbinden, die Aufgabe war für sie lebensfern.

Ivana steht nun vor einem pädagogischen Dilemma: Soll sie an der ursprünglichen, kreativ gedachten Aufgabe festhalten, mit dem Risiko, viele Lernende nicht zu erreichen? Oder passt sie die Aufgabe stärker an die Lebenswelt der Schüler*innen an und verändert damit möglicherweise den Anspruch?

Nutzen Sie ähnliche Situationen als Reflexionsanlass: Wo stoße ich in meinem Unterricht auf Spannungen zwischen Anforderungen und realen Voraussetzungen? Welche Perspektiven und Erfahrungen bringen meine Schüler*innen mit und wie kann ich daran anknüpfen? Wie kann ich anspruchsvoll unterrichten, ohne den Bezug zur Lebenswelt zu verlieren?

Wichtige Erkenntnis für den Unterricht

Die Situation von Ivana zeigt: Fachlicher Anspruch und Lebensweltorientierung müssen kein Widerspruch sein. Eine zentrale Erkenntnis für den Unterricht lautet daher: Rahmen Sie Themen mit einem Bezug zur Lebenswelt der Schüler*innen und knüpfen Sie an ihr Vorwissen an. Gestalten Sie Lernsituationen aktiv, indem Sie anschauliche Beispiele einbringen und Angebote der Lernenden zur Mitgestaltung aufgreifen, etwa bei der Auswahl von Inhalten oder Formaten für Lernprodukte. So schaffen Sie nicht nur Motivation und Beteiligung, sondern auch Anschlussfähigkeit und gewinnen Sicherheit im Umgang mit komplexen pädagogischen Entscheidungssituationen.

3.2 Wie könnte Ivana Kovač die Lernsequenz aufbauen, damit ein nachhaltiger Lernerfolg möglich ist?

Ivana: Mir ist heute klar geworden: „Seid kreativ“ reicht nicht als Unterrichtsanweisung.
Ulrich: Lief die Stunde zur Menügestaltung nicht wie geplant?
Ivana: Leider nein. Ich dachte, das Thema motiviert von selbst, aber viele wussten gar nicht, wie sie anfangen sollen.
Ulrich: Gab es einen Einstieg oder ein Beispiel?
Ivana: Nein, ich wollte ihnen bewusst Freiraum lassen. Im Nachhinein sehe ich: Es fehlte eine klare Struktur.
Ulrich: Gerade bei offenen Aufgaben hilft eine Phase der Orientierung, mit Ziel, Etappen und Beispielen.
Ivana: Genau. Nächstes Mal starte ich mit etwas Konkretem, strukturiere die Lernschritte und lasse am Ende Raum für eigene Ideen.
Ulrich: So wird der Weg nachvollziehbarer und der Lernerfolg nachhaltiger.
Ivana (nickt): Ja. Ich muss stärker vom Ziel her denken, sonst verpufft das Potenzial.

Die geschilderte Unterrichtssituation verdeutlicht, wie leicht Lernpotenzial verloren geht, wenn Unterricht nicht strukturiert, nicht schülerzentriert und nicht kompetenzorientiert gestaltet ist. Fehlende Zieltransparenz, unklare Aufgabenstellung, mangelnde Differenzierung und fehlende Aktivierung führten dazu, dass viele Lernende überfordert oder unbeteiligt blieben. Im Folgenden wird deshalb dargelegt, wie eine solche Lernsequenz auf der Grundlage bewährter didaktischer Modelle und Theorien – insbesondere durch eine kompetenzorientierte Unterrichtsplanung, das Storytelling-Prinzip des „Warum – Wie – Was" nach Simon Sinek, das ARCS-Modell zur Förderung der Lernmotivation sowie das SAMR-Modell (vgl. Kapitel 1) als didaktisches Reflexionsinstrument – so gestaltet werden kann, dass nachhaltiger Lernerfolg möglich wird (Weinert, 2001; Sinek, 2009; Keller & Kopp, 1987; Puentedura, 2010; Brägger & Rolff, 2024).

Die Kompetenzorientierung zielt darauf ab, Lernprozesse vom angestrebten Lernergebnis aus zu denken und Lernende in die Lage zu versetzen, Wissen handlungsfähig und kontextbezogen anzuwenden (Weinert, 2001; IQS, o. J.). Im Zentrum steht nicht die bloße Wissensvermittlung, sondern die Befähigung zum selbstständigen Handeln in beruflich relevanten Situationen. Das „Golden Circle"-Modell („*Why – How – What*") von Sinek (2009), das eine Form von Storytelling darstellt, liefert eine strukturierende Leitidee, die sich auch auf Lernprozesse übertragen lässt: Zuerst den Sinn klären, dann den Weg aufzeigen, schließlich die Handlung ermöglichen. In der pädagogischen Adaption dieses Modells – Pyczak (2024) betont, dass gute Geschichten mit einem starken „Warum" beginnen, um emotionale Bindung zu schaffen – können Lernende emotional abgeholt, klar informiert und handlungsfähig gemacht werden. Ergänzend dazu beschreibt das ARCS-Modell nach Keller und Kopp (1987) vier zentrale Bedingungen für lernförderliche Motivation: Aufmerksamkeit („*Attention*"), Relevanz („*Relevance*"), Erfolgszuversicht („*Confidence*") und Zufriedenheit („*Satisfaction*"). Diese Faktoren lassen sich gezielt im Unterricht ansprechen, etwa durch interessante Einstiege, lebensweltnahe Aufgaben, strukturierte Hilfestellungen und sichtbare Erfolgserlebnisse. Damit trägt das Modell wesentlich dazu bei, dass Lernende sich auf den Lernprozess einlassen und engagiert mitarbeiten (Brägger & Rolff, 2024). Das SAMR-Modell nach Puentedura (2010), das bereits in Kapitel 1 erwähnt wurde, wird in diesem Zusammenhang nicht ausschließlich technikbezogen verstanden, sondern dient als didaktisches Instrument zur Reflexion über die Tiefe und Qualität von Lernaufgaben, von der Ersetzung („*Substitution*") bis hin zur vollständigen Neugestaltung („*Redefinition*"). Es bietet Orientierung bei der Frage, wie Lernprozesse vertieft und individualisiert werden können, insbesondere auch im Umgang mit digitalen Werkzeugen (vgl. Brägger & Rolff, 2024).

Definition

Kompetenzorientierter Unterricht zielt darauf ab, Lernende in die Lage zu versetzen, Wissen, Fähigkeiten und Einstellungen so zu verknüpfen, dass sie handlungsfähig werden, insbesondere in beruflichen, gesellschaftlichen und persönlichen Situationen. Im Zentrum steht nicht nur die Vermittlung von Fachwissen, sondern die Frage, was Schüler*innen am Ende können und warum. Der Unterricht wird deshalb vom angestrebten Lernergebnis her geplant („*Backward Design*") und fördert gezielt die Anwendung, Problemlösung und Reflexion. Lernprozesse sind aktiv, differenziert und an realen Handlungssituationen orientiert. Beim *Backward Design*, dem rückwärtsgerichteten Gestalten von Lernprozessen, wird ein häufiger Denkfehler vermieden: der sogenannte *Optimism Bias*, die unrealistische Annahme, dass alles reibungslos verlaufen und die eingeplante Zeit auf jeden Fall ausreichen wird.

Kernaussage

Durch das Gestalten vom Ziel her werden mögliche Stolpersteine frühzeitig sichtbar. Die Gefahr, einzelne Aufgaben zu übersehen oder den Umfang des Vorhabens bzw. des Lehrziels zu unterschätzen, sinkt deutlich.

Wichtige Erkenntnis für den Unterricht

Nachhaltiger Unterricht gelingt, wenn Kompetenzentwicklung, Sinnvermittlung, Motivation und Aufgabenqualität zusammengedacht werden. Die Verbindung von Kompetenzorientierung, Sineks Storytelling-Struktur, dem ARCS-Modell und dem SAMR-Modell ermöglicht es, Lernprozesse zielgerichtet, motivierend und wirksam zu gestalten.

Abbildung 3.1 visualisiert ein achtphasiges Modell, das als dynamischer Zyklus für die Gestaltung von kompetenzorientiertem, nachhaltigem Unterricht dient. Es folgt einem klaren Ablauf, ist aber nicht starr, sondern bietet didaktische Flexibilität, um je nach Lernstand, Gruppendynamik und Zielsetzung agil angepasst werden zu können. Sie zeigt zwei aufeinander abgestimmte Kreise, die den Lernprozess vom Einstieg bis zur Weiterführung abbilden. Dabei wird das Storytelling-Prinzip von Sinek („*Why – How – What*") als strukturierender Rahmen genutzt:

1. Warum? → motivierender Einstieg & Zielklärung (Phase 1–2)

Am Anfang jeder Unterrichtsgestaltung sollte die Frage stehen: Warum mache ich das mit den Lernenden? Was sollen sie verstehen, können oder mitnehmen? Welches übergeordnete Ziel steht hinter der Stunde oder Reihe? Welche Kompetenzen sollen entwickelt werden? Warum ist das Thema für die Schüler*innen bedeutsam? Das *Warum* ist der Motor für Motivation und Relevanz, für Sie als Lehrkraft und für die Lernenden. Ein klar kommuniziertes *Warum* hilft, Sinn zu stiften.

2. Wie? → strukturierter Lernweg (Phase 3–4)

Wenn das Ziel klar ist, folgt die Frage nach dem *Wie*: Welche Methoden, Sozialformen und Materialien helfen den Lernenden, das Ziel zu erreichen? Wie gestalte ich den Lernprozess aktiv, schülerorientiert und nachvollziehbar? Wie kann ich differenzieren oder adaptiv vorgehen? Das *Wie* ist der didaktisch-methodische Bauplan Ihrer Unterrichtsgestaltung.

3. Was? → Handlung, Anwendung, Reflexion (Phase 5–8)

Erst an dritter Stelle steht das *Was*: Mit welchem Inhalt kann ich das Ziel erreichen? Welcher Inhalt eignet sich im Besonderen, um die erwünsche Kompetenz erreichbar zu machen? Welche Aufgaben, Texte, Medien oder Übungen setze ich ein? Was schreibe ich an die Tafel, das Flipchart oder das Whiteboard, was steht im Arbeitsblatt? Das *Was* ist der konkrete Unterrichtsinhalt, aber es baut auf dem *Warum* und dem *Wie* auf.

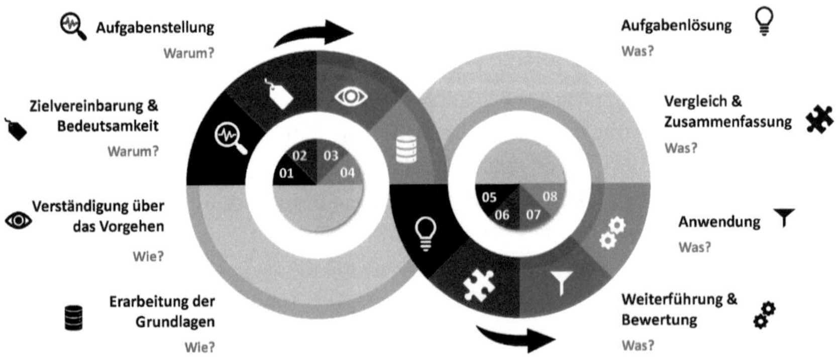

Abbildung 3.1: Didaktisches Grundmuster für ein handlungs- und entwicklungsorientiertes Vorgehen im Unterricht (eigene Darstellung in Anlehnung an Tulodziecki et al., 2017, S. 171)

Die Kreisdarstellung betont, dass Lernen ein dynamischer, miteinander verschränkter Prozess ist, nicht linear, sondern kreisförmig und vernetzt. Der Unterricht beginnt mit der Aufgabenstellung (Phase 1), die bewusst problemorientiert und lebensweltbezogen gestaltet wird. Dies schafft Relevanz und Aufmerksamkeit, zentrale Aspekte des ARCS-Modells („*Attention*", „*Relevance*"). In der Praxis könnte das vor dem Hintergrund des Fallbeispiels z. B. ein Einstieg über ein kurzes Video aus einem Fine-Dining-Restaurant oder eine reale Situation aus der Gastronomie sein. Die anschließende Zielvereinbarung und Bedeutsamkeit (Phase 2) dient der Klärung: Was wollen wir heute lernen und warum ist das wichtig für mich? Das stärkt Motivation und Orientierung (Sinek: „*Why*", ARCS: „*Relevance*"). Im nächsten Schritt folgt die Verständigung über das Vorgehen (Phase 3). Hier wird gemeinsam geplant, wie das Lernziel erreicht werden kann, welche Methoden, Materialien und Sozialformen sinnvoll sind. Auch differenzierte Lernwege (z. B. visuelle, textbasierte oder digitale Zugänge) werden hier sichtbar gemacht, was im Sinne des ARCS-Modells zur Erfolgszuversicht („*Confidence*") beiträgt. Die Erarbeitung der Grundlagen (Phase 4) dient dem Aufbau von Wissen und Fähigkeiten, etwa durch Recherche, Gruppenarbeit, Stationenlernen oder gezielten Einsatz von KI-gestützten Tools (z. B. ChatGPT als Formulierungshilfe). Die Lernenden eignen sich Kompetenzen an, die sie für die Bearbeitung der Aufgabe benötigen. In der Aufgabenlösung (Phase 5) wird das erarbeitete Wissen aktiv angewendet. Die Lernenden setzen sich handelnd mit der Aufgabe auseinander, sei es durch kreative Produktgestaltung, Problemlösung oder eine begründete Entscheidung. Das SAMR-Modell kann hier zur Reflexion der Aufgabenqualität herangezogen werden: Ist es nur eine Reproduktion oder eine echte Neugestaltung („*Redefinition*")? Die Ergebnisse werden anschließend in Vergleich und Zusammenfassung (Phase 6) im Plenum vorgestellt, diskutiert und reflektiert. Hier entstehen Transferleistungen und übergreifende Erkenntnisse, insbesondere, wenn auch alternative Lösungswege zugelassen werden. Die Anwendung (Phase 7) ermöglicht es den Lernenden, ihr Wissen auf neue Kontexte zu übertragen, etwa durch eine ähnliche Aufgabe mit veränderten Parametern (z. B. ein Menü für eine andere Zielgruppe). Dies fördert den nachhaltigen Lerntransfer. Abschließend folgen die Weiterführung und Bewertung (Phase 8): Die Lernenden reflektieren den Prozess, erhalten Feedback und formulieren gegebenenfalls weiterführende Fragen oder Ausblicke. Auch das individuelle oder kollektive Lernergebnis kann hier gesichert und gewürdigt werden, sei es über Feedbackbögen, Lerntagebücher oder kurze mündliche Auswertungen. Im Rückblick auf das Fallbeispiel um Ivana Kovač zeigt sich, an welchen Punkten dieses Modell eine konkrete Verbesserung ermöglicht hätte (vgl. *Tabelle 3.1*).

Tabelle 3.1: Unterrichtsphasen und ihre didaktische Funktion

Phase	Titel	Sinek	Didaktische Funktion	Reflexionsimpuls zum Fallbeispiel
01	*Aufgabenstellung*	Warum?	Problem, Impuls oder Fallbezug erzeugen Neugier und Relevanz	Ivana Kovač hätte hier mit einem realen Beispiel (z. B. Kurzvideo aus der Gastronomie) starten können – das hätte Interesse und Beteiligung geweckt (ARCS: „Attention“, „Relevance“).
02	*Zielvereinbarung & Bedeutsamkeit*	Warum?	Klare Lernziele und Sinnvermittlung aktivieren Motivation und Verantwortung	Statt „Seid kreativ“ wäre ein gemeinsames Ziel mit Erklärung des beruflichen Bezugs zielführender gewesen (Kompetenzorientierung, ARCS: „Relevance“).
03	*Verständigung über das Vorgehen*	Wie?	Strukturierung, Rollenverteilung, Methodenwahl	Ivana hätte gemeinsam mit der Klasse den Arbeitsweg planen können – inklusive der Option, auch visuell (z. B. durch Skizzen) zu arbeiten (ARCS: „Confidence“).
04	*Erarbeitung der Grundlagen*	Wie?	Wissensaufbau, Methodenkompetenz, Medienwahl	Ein vorbereitendes Stationenlernen oder Recherchearbeit hätte die Grundlagen gesichert – auch mit Einsatz von KI oder digitalen Tools (SAMR: „Augmentation“, „Modification“).
05	*Aufgabenlösung*	Was?	Anwendung des Gelernten zur Problemlösung	Statt isolierter Einzelarbeit hätte Ivana die Schüler*innen in Teams arbeiten lassen können – mit Kreativspielraum (SAMR: „Redefinition“, ARCS: „Satisfaction“).
06	*Vergleich & Zusammenfassung*	Was?	Austausch, Reflexion, Transfer	Eine gemeinsame Präsentation und Diskussion der Menüs hätte den Lerngewinn vertieft und die Perspektivenvielfalt gestärkt.
07	*Anwendung*	Was?	Transfer in neue Kontexte	Eine neue Aufgabe (z. B. Menü für veganes Event) hätte das Gelernte gesichert und auf eine andere Zielgruppe angewendet.
08	*Weiterführung & Bewertung*	Was?	Lernreflexion, Ausblick, Bewertung	Am Ende hätte eine kurze Feedbackrunde oder ein Lerntagebuch zur Selbstreflexion beitragen können sowie die Planung einer nächsten Aufgabe.

Abbildung 3.1 und *Tabelle 3.1* erläutern ein flexibles, systematisches Gestaltungsinstrument für einen handlungsorientierten und kompetenzbasierten Unterricht. Sie verdeutlichen, dass guter Unterricht nicht zufällig kreativ ist, sondern klar strukturiert und dennoch offen genug, um echtes Lernen zu ermöglichen. In Hinblick auf das Fallbeispiel 3.1 wird so sichtbar, an welchen Stellen kleine didaktische Anpassungen große Wirkung zeigen können, insbesondere durch Zielklarheit, strukturierte Lernwege, Methodenvielfalt und die konsequente Aktivierung der Lernenden.

Wichtige Erkenntnis für den Unterricht

Gute Unterrichtsgestaltung beginnt nicht mit der Auswahl eines Arbeitsblatts, sondern mit der Frage nach dem Warum. Wer vom Warum aus denkt, schafft bedeutsame Lernanlässe, die mehr sind als reine Stoffvermittlung. Denken Sie immer aus der Sicht der Schüler*innen: Wenn klar ist, was sie lernen sollen und was von ihnen erwartet wird, können sie besser mitdenken und mitarbeiten. So gestalten sie ihren Lernprozess aktiver mit. Wenn im Unterricht aber nur reines Wissen, also das Auswendiglernen von Fakten, im Mittelpunkt steht, wird oft etwas Wichtiges vernachlässigt: die Fähigkeit, das Gelernte auch praktisch anzuwenden. Viele Schüler*innen lernen dann zwar das Was, aber nicht das Wie.

3.3 Wie kann Ivana Kovač Kreativität und die Problemlösungskompetenz bei den Schüler*innen gezielt fördern?

Ivana: Ich wollte mit der Menü-Aufgabe Kreativität fördern, aber viele wussten gar nicht, wie sie anfangen sollen.
Ulrich: Gab's eine Leitfrage oder ein konkretes Problem?
Ivana: Nein. Ich habe 35 Minuten freigegeben und gedacht: „Die legen los." Aber ohne Impuls oder Einschränkung kam wenig.
Ulrich: Kreativität braucht oft einen Anlass. Zum Beispiel: „Entwerft ein Menü für Allergiker" oder „mit regionalen Zutaten". So entsteht ein Denkrahmen.
Ivana: Stimmt, mit klarer Herausforderung hätten sie etwas gehabt, woran sie sich reiben können.
Ulrich: Oder in Gruppen, mit Zeitlimit und konkreten Vorgaben. Das fördert kreatives Denken und Problemlösekompetenz.
Ivana: Gute Idee. Nächstes Mal gebe ich gezielte Impulse, begrenze bewusst und reflektiere am Ende die Lösungswege mit ihnen.

Nicht nur in diesem Beispiel, sondern auch beim Lesen von Tageszeitungen und Jobbeschreibungen wird es offensichtlich, dass Kreativität und Problemlösungskompetenzen nicht nur im Schulalltag erwartet, sondern als zentrale Fähigkeiten des 21. Jahrhunderts verstanden werden (OECD, 2022). In einer Welt, in der die einzige beständige Gewissheit die Ungewissheit darstellt und die von ständigem Wandel und Veränderungen geprägt ist, sind Lehrpersonen gefordert, Kreativität und Problemlösungskompetenz bei den Lernenden gezielt zu stärken, um ihnen dabei zu helfen, unterschiedliche Herausforderungen in der Schule und im Alltag zu meistern.

Definition

Problemlösungskompetenz bedeutet, dass Lernende befähigt werden, Aufgaben gezielt anzugehen und durch kritisches und analytisches Denken mögliche Lösungen vorzuschlagen, zu testen und zu entwickeln. Mayer und Wittrock (2006) beschreiben die Problemlösung als einen bewussten Prozess, der darauf abzielt, Lösungen für Probleme zu entwickeln, für die es keine klaren Antworten gibt. Ein Miteinander auf Augenhöhe und ein respektvolles Klima in der Klasse sind hierbei die wichtigsten Voraussetzungen für ein erfolgreiches Lernen (Hattie, 2009, S. 62). Es ist zudem wichtig, dass Lehrende Wege finden, die bestehenden Ressourcen der Schüler*innen für den Anstoß und Austausch im Unterricht zu nutzen, um so ohne viel Vorplanung individuelle Lernsettings zu ermöglichen und dadurch Sicherheit in der Unsicherheit der Unterrichtssituation zu erlangen (Purgaj & Albert, 2020).

Kernaussage

Problemlösungskompetenz entsteht durch strukturierte Lernprozesse, ein wertschätzendes Unterrichtsklima und Raum für eigenständiges Denken und Austausch. Kreativität braucht mehr als Freiraum, sie braucht Orientierung und Mitgestaltung.

Wichtige Erkenntnis für den Unterricht

Damit Schüler*innen Problemlösekompetenz und Kreativität entwickeln können, benötigen sie einen klar strukturierten Lernrahmen, der zugleich Raum für Eigeninitiative lässt. Lehrkräfte sollten gezielt Impulse setzen, Möglichkeiten zur Mitgestaltung eröffnen und ein vertrauensvolles Lernklima schaffen, in dem Unsicherheiten zugelassen und als Teil des Lernprozesses verstanden werden.

Um Kreativität im Unterricht anzuregen, ist eine offene und wertschätzende Lernumgebung notwendig. Lehrpersonen schaffen diese, indem sie geschützte Räume ermöglichen und die Ideen der Lernenden zulassen. Kreativität wird sichtbar, wenn Schüler*innen Inhalte auf individuelle, bislang ungenutzte Weise in Verbindung bringen oder weiterentwickeln. Dabei ist es wichtig, die Ergebnisse nicht zu bewerten, da Schüler*innen sonst das Gefühl bekommen könnten, dass es doch eine richtige oder falsche Lösung gibt. Die Erfahrung zeigt, dass regelmäßiger Austausch und transparente Kommunikation das kreative Potenzial von Schüler*innen nachhaltig fördern. Sind diese Voraussetzungen nicht gegeben, kann es zu Verunsicherungen bei den Lernenden kommen, da sie Angst haben, nicht das Richtige zu machen oder zu zeigen. Außerdem ist es wichtig, nicht nur das Vertrauen zwischen den Lernenden und der Lehrperson zu stärken, sondern auch positive Beziehungen unter den Schüler*innen zu fördern. Dadurch wird vermieden, dass Unsicherheiten oder Scham bei der Präsentation von „unfertigen" oder „falschen" Lösungen entstehen.

Um die beschriebenen Kompetenzen im Unterricht zu fördern, können Lehrpersonen Methoden wie *Praxisprojekte, Fallstudien* oder *Fächerübergreifende Werkstatt* nutzen. Es ist wichtig, am Anfang beide Kompetenzen getrennt voneinander zu trainieren, um den Lernenden die Möglichkeit zu geben, sich in beiden Bereichen sicher zu fühlen. Im Folgenden werden die drei Methoden kurz beschrieben.

Beispiel Praxisprojekte

Die Schüler*innen arbeiten an realen Projekten, die direkt mit ihrem Ausbildungsbereich in Verbindung stehen. Dabei entwickeln sie kreative Lösungen, die in der Praxis umgesetzt werden, und sehen die unmittelbare Auswirkung ihrer Arbeit. Diese Methode fördert die Kreativität.

Beispiel Fallstudienanalyse

Die Schüler*innen arbeiten mit realen Fallbeispielen aus ihrer Arbeitswelt. Dabei sind Probleme zu identifizieren, Lösungsstrategien zu entwickeln und Ergebnisse zu präsentieren. Diese Methode fördert die Problemlösungskompetenz.

Beispiel Fächerübergreifende Werkstatt

Schüler*innen aus verschiedenen Fachrichtungen arbeiten zusammen. Dabei versuchen sie, gemeinsam ein Projekt zu realisieren. Beispielsweise könnten Schüler*innen aus dem Bereich Gastgewerbe mit Schüler*innen aus dem Bereich Grafik zusammenarbeiten, um eine Speisekarte zu entwerfen, die nicht nur fachlich richtig, sondern auch grafisch wirkungsvoll ist. Diese Methode fördert neben der Kreativität auch die Problemlösungskompetenz.

Wichtige Erkenntnisse für den Unterricht

Kreativität und Problemlösungskompetenz gehören zu den zentralen Fähigkeiten des 21. Jahrhunderts und sind in einem zeitgemäßen Bildungskontext gezielt zu fördern. Dabei steht nicht das Entwickeln aufwendiger Unterrichtseinheiten im Vordergrund, sondern die Nutzung der Ressourcen der Schüler*innen, um lebensnahe Lernaktivitäten zu schaffen.

Tipps und Checkliste: Kreativität zulassen und Problemlösungskompetenz fördern

Schaffen Sie eine Lernumgebung, in der das Scheitern oder eine nicht perfekte Skizze kein Problem darstellt, und nutzen Sie unterschiedliche Methoden zur Förderung der Kreativität. Vermeiden Sie Aufgaben, bei denen es nur eine „richtige" Lösung gibt. Die Schüler*innen sollten die Möglichkeit haben, individuelle Lösungsstrategien zu entwickeln, bei denen sie kreativ sein dürfen, um Probleme zu lösen. Aufgaben, die als Inspiration die Lebenswelt der Schüler*innen aufgreifen, erhöhen die Bereitschaft zum Lernen, kreativ zu sein und Lösungen zu finden.

1. Fördere ich mit meiner Haltung ein wertschätzendes und sicheres Lernumfeld?
2. Nutze ich Methoden zur Förderung von Kreativität?
3. Habe ich die Aufgabe so gestaltet, dass die Ergebnisse unterschiedliche Lösungen erlauben?
4. Stelle ich Fragen, die es den Schüler*innen ermöglichen, unterschiedliche richtige Antworten zu geben?

Zusammenfassung

Nachdem Sie zentrale Aspekte zur Förderung von Kreativität und Problemlösungskompetenz kennengelernt haben, zeigt Fallbeispiel 3.2, wie Ivana Kovač ihre Unterrichtsgestaltung überdacht und weiterentwickelt hat. Durch klar strukturierte Lernphasen, lebensweltnahe Zugänge und gezielte Impulse schafft sie Lernbedingungen, in denen kreatives und problemlösendes Denken wirksam gefördert werden kann.

Fallbeispiel 3.2: Ivana Kovač – Kreativität ermöglichen durch Struktur und Lebensweltbezug

Nach der wenig erfolgreichen Menü-Aufgabe in ihrer ersten Klasse überarbeitet Ivana Kovač ihren Unterricht für eine Parallelgruppe grundlegend. Ihr Ziel ist es, Kreativität und Problemlösekompetenz gezielt zu fördern, und zwar mit mehr Struktur, mehr Lebensweltbezug und mehr Beteiligung. Orientierung bietet ihr das achtphasige Modell zur Unterrichtsgestaltung. Zum Einstieg zeigt sie ein kurzes Video aus der Gastronomie und stellt eine lebensnahe Leitfrage: „Wie könnte ein Menü für ein veganes Sommerfest aussehen?" Die Klasse diskutiert, bringt eigene Erfahrungen ein und erkennt den Sinn hinter der Aufgabe. Im nächsten Schritt klärt Ivana gemeinsam mit den Lernenden das Vorgehen: Zielgruppe wählen, Ideen sammeln, Menü entwerfen und Präsentationsform selbst bestimmen, ob schriftlich, visuell oder digital. An mehreren Stationen erarbeiten sich die Schüler*innen das nötige Wissen zu Menükomponenten und Zielgruppen. In der Arbeitsphase entstehen kreative Menüs für Kinder, Allergiker*innen oder Themenabende.

Manche Gruppen entwerfen Menükarten mit Illustrationen, andere nutzen Tablets für Präsentationen. Die Ergebnisse werden vorgestellt, verglichen und gemeinsam reflektiert. Zum Abschluss übertragen die Schüler*innen ihre Ideen auf eine neue Aufgabe und fassen in kurzen Feedbacks zusammen, was ihnen beim kreativen Arbeiten geholfen hat. Durch klare Struktur, Wahlmöglichkeiten und die Anbindung an die Lebenswelt der Schüler*innen gelingt es Ivana, kreatives und problemlösendes Denken sichtbar zu machen. Der Unterschied zur ersten Stunde ist deutlich: Die Lernenden arbeiten engagierter, selbstständiger und mit mehr Freude am Prozess.

Reflexionsfragen

1. Wie klar ist für Sie das Ziel Ihres Unterrichts und wie machen Sie es für Ihre Schüler*innen sichtbar und nachvollziehbar?
2. Inwiefern gestalten Sie Ihre Lernaufgaben so, dass alle Schüler*innen mit ihren unterschiedlichen Erfahrungen und Fähigkeiten sinnvoll daran teilnehmen können?
3. Regen Ihre Aufgabenstellungen eher zum Mitdenken und Mitgestalten an oder lassen Sie die Schüler*innen allein mit vagen Erwartungen?
4. Wie reagieren Sie auf Unvorhergesehenes im Unterricht und wie flexibel können Sie Ihren Plan spontan anpassen, ohne das Ziel aus den Augen zu verlieren?

Literaturtipps

Zur fallorientierten Auseinandersetzung mit praxis- und theorierelevanten Fragen der Unterrichtsgestaltung sowie der Umsetzung kompetenzorientierten Unterrichts siehe

1. Tulodziecki, G., Herzig, B. & Blömeke, S. (2017). *Gestaltung von Unterricht: Eine Einführung in die Didaktik*. UTB.
2. Fritz, U., Lauermann, K., Paechter, M., Stock, M. & Weirer, W. (Hrsg.). (2019). *Kompetenzorientierter Unterricht: Theoretische Grundlagen – erprobte Praxisbeispiele*. UTB.

Zum Storytelling und zur Stärke kurzer, in sich geschlossener Geschichten für die Kommunikation in Unterricht und Beruf siehe

3. Pyczak, K. (2023). *Tell me!: Wie Sie mit Storytelling überzeugen*. Rheinwerk.

Literatur

Angele, C., Leitner, G. & Kuld, L (2022). Be aware of Diversity and deal with it: Lernen aus Dilemmata. *Haushalt in Bildung & Forschung*, 2, 29–46. https://doi.org/10.3224/hibifo.v11i2.05

Brägger, G. & Rolff, H.-G. (Hrsg.). (2024). *Handbuch Lernen mit digitalen Medien*. Beltz.

Fend, H. (2008). *Neue Theorie der Schule. Einführung in das Verstehen von Bildungssystemen* (2. Aufl.). VS Verlag.

Habermas, J. (1985). *Theorie des kommunikativen Handelns*, Band 2. *Zur Kritik der funktionalistischen Vernunft* (3. Aufl.). Suhrkamp.

Hattie, J. (2012). *Visible Learning for Teachers*. Routledge.

IQS – Institut für Qualitätsentwicklung im österreichischen Schulwesen. (o. J.). *Bildungsstandards und kompetenzorientierter Unterricht*. https://www.iqs.gv.at/themen/nationale-kompetenzerhebung/grundlagen-der-nationalen-kompetenzerhebung/bildungsstandards-und-kompetenzorientierter-unterricht

Keller, J. M. & Kopp, T. W. (1987). An application of the ARCS Model of Motivational Design. In C. M. Reigeluth (Hrsg.), *Instructional theories in action: Lessons illustrating selected theories and models* (S. 289–320). Lawrence Erlbaum Associates, Inc.

Kunze, M. (2023). *Präsenz für Lehrkräfte. Training mithilfe sprecherzieherischer Methoden aus der Schauspielausbildung*. Springer VS.

Leitner, G. (2017). Zwischen Skylla und Charybdis. Entwicklung von moralischen Urteilen im Fachbereich Ernährung. *Haushalt in Bildung & Forschung*, 4, 29–46. https://doi.org/10.3224/hibifo.v6i4.03

Mayer, R. E. & Wittrock, M. C. (2006). Problem solving. In P. A. Alexander & P. H. Winne (Hrsg.), *Handbook of educational psychology* (S. 287–303). Lawrence Erlbaum Associates Publishers.

OECD (2022). *Teaching, learning and assessing creative and critical thinking skills in education*. https://www.oecd.org/en/about/projects/teaching-learning-and-assessing-creative-and-critical-thinking-skills.html

Parchmann, I. & Kuhn, J. (2018). Lernen im Kontext. In D. Krüger, I. Parchmann, H. Schecker (Hrsg.) *Theorien in der naturwissenschaftsdidaktischen Forschung* (S. 193–207). Springer Spektrum.

Puentedura, R. R. (2010). *SAMR and TPCK: Intro to advanced practice*. http://hippasus.com/resources/sweden2010/SAMR_TPCK_IntroToAdvancedPractice.pdf

Purgaj, J. & Albert, S. (2020). How Fashion Designers Teach. Eine Untersuchung zur Modedesigndidaktik an tertiären Bildungsanstalten in Dänemark, Italien, Slowakei, Slowenien, Ungarn und Österreich. In *Design & Bildung*. Band 3. Kopaed.

Pyczak, K. (2023). *Tell me!: Wie Sie mit Storytelling überzeugen*. Rheinwerk.

Rosa, H. & Endres, W. (2016). *Resonanzpädagogik: Wenn es im Klassenzimmer knistert* (2. Aufl.). Beltz.

Schütz, A. (1971). *Das Problem der Relevanz*. Suhrkamp.

Sinek, S. (2009). *Start with why: How great leaders inspire everyone to take action*. Portfolio.

Tulodziecki, G., Herzig, B. & Blömeke, S. (2017). *Gestaltung von Unterricht: Eine Einführung in die Didaktik*. UTB.

Vieluf, S., Praetorius, A., Rakoczy, K., Kleinknecht, M. & Pietsch, M. (2020). Angebots-Nutzungs-Modelle der Wirkweise des Unterrichts. Ein kritischer Vergleich verschiedener Modellvarianten. *Zeitschrift für Pädagogik*, 66. Beiheft. Beltz Juventa.

Weinert, F. E. (2001). Vergleichende Leistungsmessung in Schulen – Eine umstrittene Selbstverständlichkeit. In F. E. Weinert (Hrsg.), *Leistungsmessungen in Schulen* (S. 17–31). Beltz.

4 Diagnose und Feedback

Sabine Albert, Gabriela Hofbauer

Schlagworte

Pädagogische Diagnostik, Feedback, Selbstregulation, Lernstrategien, Individuelle Förderung, Kommunikation

Orientierung

Dieses Kapitel vermittelt professionsbegleitend studierenden Lehrkräften Strategien und Techniken zur systematischen Beobachtung, Bewertung und Rückmeldung von Lernfortschritten ihrer Schüler*innen sowie zur individuellen Förderung ihrer Entwicklung und Leistungsfähigkeit.

Fallbeispiel 4.1: Daniel Costa – Wenn Wertschätzung Orientierung gibt

Daniel Costa betritt das Klassenzimmer des I. Jahrgangs einer Höheren Technischen Bundeslehranstalt und wirft einen flüchtigen Blick in die Runde. Ohne Begrüßung setzt er sich an seinen Tisch und öffnet seinen Laptop: „Setzt euch bitte, wir beginnen gleich", sagt er knapp. „Wir schreiben jetzt einen kurzen Test zu den Inhalten der letzten Wochen. Bitte arbeitet zügig." Einige Schüler*innen tauschen verwirrte Blicke aus, während sie hastig ihre Stifte herauskramen. „Hatten Sie das angekündigt?", fragt Emma leise. Herr Costa schaut nur kurz auf und zuckt mit den Schultern: „Das sollte für euch kein Problem sein. Wer mitgearbeitet hat, schafft das schon." Während die Schüler*innen schreiben, widmet sich Daniel Costa seinem Laptop, ohne auf mögliche Schwierigkeiten oder Fragen einzugehen. Nach 15 Minuten klatscht er in die Hände: „Zeit ist um. Legt die Stifte weg." Er sammelt die Blätter ein, überfliegt einige mit gerunzelter Stirn und seufzt: „Oje. Ich sehe schon, das war wohl zu schwer. Schade." Ohne die Ergebnisse zu besprechen oder Hinweise zu geben, was genau schiefgelaufen ist, legt er die Tests beiseite. Niemand erfährt, welche Fehler gemacht wurden oder welche Konzepte noch nicht verstanden sind. Er schaltet den Beamer ein: „Heute arbeiten wir in Gruppen. Ihr sollt euch in Dreier- oder Vierergruppen zusammensetzen und gemeinsam überlegen, was die zentralen Punkte unseres letzten Themas waren. Bitte besprecht euch einfach, ich höre mir dann an, was ihr rausbekommt."

Die Schüler*innen rutschen mit ihren Stühlen zusammen, doch viele sind unsicher, was genau erwartet wird. Jonas hebt zögerlich die Hand: „Sollen wir das schriftlich festhalten?" Herr Costa nickt vage: „Wie ihr wollt. Hauptsache, ihr kommt zu einem Ergebnis." Lisa lehnt sich zurück und verdreht demonstrativ die Augen: „Ach, großartig. Wieder so eine nutzlose Gruppenarbeit, bei der eh keiner was versteht." Einige Schüler*innen kichern leise. Herr Costa runzelt die Stirn: „Wenn du meinst, dass das nutzlos ist, Lisa, dann arbeite doch einfach allein. Vielleicht kommst du dann ja mal zu einem brauchbaren Ergebnis." Lisa schnaubt: „Als ob Sie das interessiert. Sie erklären ja sowieso nie was. Dann brauchen wir uns auch nicht wundern, wenn alle schlecht sind." Herr Costa presst die Lippen zusammen: „Pass auf, Lisa. Wenn du glaubst, dass du es besser weißt, kannst du ja die Stunde übernehmen. Komm nach vorne und erkläre es der Klasse." Lisa verschränkt die Arme: „Nein, danke. Ich bin nicht dafür verantwortlich, dass hier keiner was versteht." Herr Costa holt tief Luft und schüttelt den Kopf: „Mit so einer Einstellung wirst du es nicht weit bringen. Kein Wunder, dass du immer Probleme hast." Die Klasse wird still. Lisa spürt, wie alle auf sie blicken. Wut steigt in ihr auf: „Vielleicht hätte ich weniger Probleme, wenn wir hier mal richtigen Unterricht hätten." Herr Costa schlägt mit der flachen Hand auf den Tisch: „Genug jetzt! Wer meine Art zu unterrichten nicht mag, kann gerne gehen." Niemand sagt etwas. Lisa ballt die Fäuste unter dem Tisch. Ohne ein weiteres Wort lehnt sie sich zurück und starrt zur Seite. Die Gruppenarbeit beginnt, aber niemand ist wirklich konzentriert. Die Anspannung bleibt spürbar im Raum hängen. Wieder einmal fühlt sich die Stunde nicht wie Lernen an, sondern wie ein Kampf.

Was macht Daniel Costa?

Daniel Costa handelt autoritär und chaotisch. Der unangekündigte Test verunsichert die Schüler*innen und es fehlt Feedback. Fragen und Kritik der Schüler*innen wehrt er ab, statt sie konstruktiv zu nutzen. Die Gruppenarbeit bleibt ohne Ziel und klare Anweisungen fehlen. Daniels abweisende Haltung und die persönliche Abwertung von Schüler*innen erzeugen Frustration und verhindern eine lernförderliche Atmosphäre.

Leitfragen

1. Wie kann Daniel Costa seine Schüler*innen konstruktiv beobachten und förderlich bewerten?
2. Wie kann er die Lernprozesse seiner Schüler*innen mit seinem Feedback unterstützen?
3. Wie kann er die Schüler*innen dabei unterstützen, ihre Lernstrategien gezielt zu verbessern und ihre Fähigkeit zur Selbstregulation zu entwickeln?
4. Welche Möglichkeiten hat er, seine Schüler*innen individuell zu fördern?
5. Wie kann Daniel Costa die Kommunikation mit seinen Schüler*innen beziehungsfördernd gestalten?

Was sagt die didaktische Forschung zur Bedeutung der pädagogischen Diagnostik im Unterricht?

Pädagogische Diagnostik hilft Lehrpersonen, den Lernstand und die Bedürfnisse ihrer Schüler*innen besser zu verstehen. So kann der Unterricht angepasst gestaltet werden. Es geht nicht nur um Leistung, sondern auch darum, wie jemand lernt und wo Unterstützung notwendig ist. Diagnostik unterstützt dabei, alle fair zu fördern und Lernprozesse gezielt zu begleiten. Sie gehört deshalb zur professionellen Lehrerrolle (Ingenkamp & Lissmann, 2008) und ist wichtig für guten Unterricht (Meyer, 2013).

Von der Analyse Daniel Costas Unterricht ausgehend, wenden wir uns der ersten der fünf Leitfragen dieses Kapitels zu.

4.1 Wie kann Daniel Costa seine Schüler*innen konstruktiv beobachten und förderlich bewerten?

Aylin Kaya, eine Kollegin von Daniel: Du wirkst angespannt. Ist alles in Ordnung?
Daniel: Nach einem kurzen Test zu den Inhalten der letzten Wochen war die Stunde ein Machtkampf. Lisa hinterfragt alles, die Klasse wirkt unmotiviert. Ich weiß nicht, wie ich damit umgehen soll.
Aylin: Vielleicht solltest du dir überlegen, wie du den Leistungsstand deiner Schüler*innen besser einschätzen kannst, um sie gezielt zu fördern? Statt nur Tests, könntest du beispielsweise Lernjournale oder Reflexionsrunden mit ihnen machen, um Lernfortschritte zu sehen.
Daniel: Und was ist mit Lisa?
Aylin: Erkenne ihre Stärken an und besprich mit ihr gemeinsam, wie sie sich verbessern kann, ohne Konfrontation.
Daniel: Also mehr beobachten, weniger bestrafen?
Aylin: Genau! Konzentriere dich auf ihre Entwicklung, nicht nur auf Fehler.

Das Gespräch zwischen Aylin und Daniel zeigt, dass gezielte Beobachtung und förderliche Bewertung wichtig sind, um Schüler*innen in ihrem Lernprozess wirksam zu begleiten.

Definition

Pädagogische Diagnostik bedeutet, dass Lehrkräfte Informationen über Lernstrategien und -fortschritte sammeln und auswerten. Diese Erkenntnisse helfen dabei, den Unterricht anzupassen und jede*n Schüler*in bestmöglich zu fördern (Ingenkamp & Lissmann, 2008). Eine wichtige Methode dabei ist die *Beobachtung*, bei der Lehrkräfte während des Unterrichts auf das Verhalten, die Arbeitsweise, den Lernstand und die Leistung der Schüler*innen achten, um herauszufinden, wo diese Unterstützung brauchen. Pädagogische Diagnostik hilft einerseits dabei, den Lernprozess der Schüler*innen zu begleiten und zu steuern (formative Diagnostik) und dient andererseits dazu, den Lernstand am Ende des Lernprozesses zu bewerten (summative Diagnostik) (Black & Wiliam, 1998).

Kernaussage

Pädagogische Diagnostik ermöglicht es, Lernschwierigkeiten der Schüler*innen rechtzeitig zu erkennen und diese gezielt fördern zu können. Dadurch können falsche Einschätzungen und ungerechte Bewertungen vermieden werden.

Wichtige Erkenntnis für den Unterricht

Damit Lernen wirklich gelingt, müssen Lehrkräfte wissen, wo ihre Schüler*innen stehen. Durch genaues Hinschauen, Zuhören und Verstehen erkennen sie, wer Unterstützung braucht und welche Stärken ihre Schüler*innen haben. Diagnostik ist dabei kein starres Prüfen, sondern ein kontinuierlicher Prozess, der hilft, Unterricht sinnvoll anzupassen. Es geht nicht nur darum, am Ende Noten zu vergeben, sondern den Lernweg aktiv zu begleiten und jede*n bestmöglich zu fördern.

Gute Diagnostik braucht aufmerksame Beobachtung und offene Kommunikation

Pädagogische Diagnostik erfolgt durch Beobachtung, dabei können jedoch Wahrnehmungsverzerrungen zu Fehleinschätzungen führen. Lehrkräfte lassen sich oft unbewusst durch ihre bisherigen Erfahrungen und Erwartungen beeinflussen, z. B. können sie stille Schüler*innen unterschätzen und lauten Schüler*innen zuschreiben, dass diese unaufmerksam seien. Um das zu vermeiden, ist es wichtig, Beobachtungen von den eigenen Bewertungen und Interpretationen zu unterscheiden und dadurch aufgedeckte verfälschte Bewertungen zu reflektieren und ggf. zu revidieren. Um ein korrektes Bild von den Leistungen der Schüler*innen zu erhalten, hilft es auch, sich mit Kolleg*innen über deren Wahrnehmungen auszutauschen und die Eindrücke abzugleichen. Ebenfalls wichtig ist eine offene Kommunikation mit den Schüler*innen selbst. Durch aktives Zuhören und das Aufbauen von Vertrauen, erkennt man ihre Stärken und Bedürfnisse besser. Eine gute Lehrkräfte-Schüler*innen-Beziehung schafft die Grundlage für das Gelingen einer Diagnostik, die nicht nur Zahlen oder Leistung erfasst, sondern echte Förderung und Unterstützung ermöglicht.

Beobachtung und Bewertung von Lernfortschritten

Es gibt folgende Möglichkeiten, Informationen über die Lernfortschritte von Schüler*innen zu erhalten (vgl. *Abbildung 4.1*):

Übersicht der Diagnostikformen

1. Formative Diagnostik
(Assessment for Learning)

Ziel: Begleitung und Steuerung des Lernprozesses

Methoden:
- Diagnostische Gespräche (Einschätzung von Denkprozessen)
- Kurztests & Lernstandsüberprüfungen während des Unterrichts
- Feedbackverfahren (Selbst-, Peer-, Lehrerfeedback)
- Beobachtung von Lernstrategien und Mitarbeit

Chancen:
- Frühzeitiges Erkennen von Lernschwierigkeiten
- Gezielte Anpassung des Unterrichts (Hattie & Timperley, 2007)

2. Summative Diagnostik
(Assessment of Learning)

Ziel: Abschließende Bewertung des Lernstandes

Methoden:
- Schularbeiten, schriftliche Tests, mündliche Prüfungen
- Standardisierte Tests (z. B. PISA, Vergleichsarbeiten)
- Abschlussarbeiten & Zeugnisse

Herausforderungen:
- Liefert statische Momentaufnahmen
- Wenig Hinweise auf Förderung (Ingenkamp & Lissmann, 2008)

3. Informelle Diagnostik

Ziel: Alltagseinschätzungen ohne standardisierte Verfahren

Methoden:
- Beobachtung von Mimik, Gestik, Arbeitsverhalten
- Analyse von Hausaufgaben und mündlichen Beiträgen
- Spontane Überprüfung durch Reflexionsfragen

Chancen:
- Flexibel und schnell einsetzbar

Herausforderungen:
- Subjektive Verzerrungen (Schrader, 2013)

4. Alternative & innovative Verfahren

Ziel: Individualisierte und technologiegestützte Erfassung von Lernprozessen und -ergebnissen

Methoden:
- Computergestützte Diagnostik: Online-Quiz, Learning Analytics
- Adaptive Testverfahren: Dynamische Anpassung an Schülerniveau
- Qualitative Methoden: Diagnostische Interviews, Portfolios

Chancen:
- Hohe Individualisierung
- Datenbasiertes Feedback (Frey, 2020)

Abbildung 4.1: Übersicht Diagnostikformen (eigene Darstellung)

Pädagogische Diagnostik im Unterricht – praxisnah und alltagstauglich

Damit Diagnostik wirklich etwas bringt, sollte sie von Anfang an im Unterricht mitgedacht werden. Lehrkräfte können in erster Linie durch eine Kombination aus kurzen Überprüfungen, Beobachtungen oder Gesprächen verlässlich herausfinden, ob ihre Schüler*innen die Lernziele erreichen (Ingenkamp & Lissmann, 2008).

Diagnostik sollte aber kein starres Kontrollinstrument sein. Es geht nicht darum, Schüler*innen ständig zu testen, sondern ihre Entwicklung aufmerksam zu begleiten. Digitale Tools können unterstützen, aber sie ersetzen nicht das einfühlsame Wahrnehmen der Bedürfnisse der Schüler*innen. Letztlich ist Diagnostik nur dann wertvoll, wenn sie professionell, aber auch mit Herz und Augenmaß eingesetzt wird (Black & Wiliam, 1998). Sich mit Kolleg*innen auszutauschen oder mit Eltern zusammenzuarbeiten, kann des Weiteren wichtige Einblicke in die Lernprozesse der Schüler*innen liefern und gezielt zur Förderung beitragen (Hattie & Timperley, 2007). Damit die Schüler*innen selbst ihre Stärken und Schwächen besser verstehen, helfen klare Rückmeldungen.

Wichtige Erkenntnis für den Unterricht

Gute Diagnostik bedeutet, genau hinzuschauen und mit Schüler*innen im Austausch zu bleiben. Eine Mischung aus formativen, summativen und informellen Diagnoseverfahren hilft, den Lernstand umfassend zu erfassen und Schüler*innen gezielt zu fördern. Wichtig ist, dass Diagnostik nicht als Kontrolle, sondern als Unterstützung gesehen wird.

4.2 Wie kann Daniel Costa die Lernprozesse seiner Schüler*innen mit seinem Feedback unterstützen?

Daniel: Also, ich hab' jetzt kapiert, warum Diagnostik wichtig ist. Aber wie gebe ich denn Feedback, ohne dass es einfach nur Kritik ist?
Aylin: Wichtig ist, dass du konkret bleibst und sagst, was gut war und was besser laufen könnte. Zum Beispiel statt „Das war falsch!" lieber „Dein Text ist inhaltlich gut, und wenn du die formale Struktur beachtest, wirkt er noch professioneller."
Daniel: Ah, also nicht nur Fehler aufzeigen, sondern auch Tipps geben?
Aylin: Genau! Und am besten so, dass es motiviert, also positiv formulieren und den Fortschritt und die Potenziale betonen.

Daniel Costa erkennt, dass es wichtig ist, den Schüler*innen konstruktives Feedback zu ihren Lernfortschritten zu geben, ihre Potenziale zu erkennen und sie zu ermutigen.

Konstruktives Feedback ist dann wirksam, wenn es klar, respektvoll und hilfreich formuliert ist. Es geht nicht darum, Fehler zu benennen, sondern Lernende zu unterstützen. Besonders wirksam ist Feedback, das zunächst Positives hervorhebt, klare, realistische Verbesserungsvorschläge macht und diese mit dem Nutzen bzw. der Problemvermeidung für den Lernprozess begründet. Mit einer ermutigenden Aussage zu den Stärken und/oder Potenzialen der Person sollte das Feedback abgeschlossen werden, z. B. warum man sicher ist, dass die*der Schüler*in das gut schaffen wird (Stern, 2010).

Damit Feedback auch *wertschätzend* wirkt, sollte es subjektiv gekennzeichnet, beschreibend statt bewertend und empathisch formuliert sein. Rückmeldungen wie „Ich habe den Eindruck…" statt „Du machst immer…" (Ich-Botschaften statt Du-Botschaften) reduzieren Widerstände und stärken die Beziehung.

Individuelle Lernprozesse der Schüler*innen profitieren von Feedback, wenn es regelmäßig und im Dialog stattfindet, z. B. in Form von Lernentwicklungsgesprächen (strukturierte Gespräche zwischen Lehrkraft und Schüler*in über Lernfortschritte), Portfolios (Sammlung von Schülerarbeiten zur Dokumentation des Lernprozesses) oder kurzen Reflexionsphasen im Unterricht (Zeitabschnitte, in denen Schüler*innen über ihr Lernen nachdenken) (Stern, 2010). Diese Formate fördern die Eigenverantwortung der Schüler*innen und ermöglichen eine stärkere Selbstwahrnehmung.

Welche Bedeutung hat Feedback für die formative Leistungsbewertung?

Formative Leistungsbewertung zielt darauf ab, nicht einfach Leistungen zu klassifizieren, sondern die Lernenden zu fördern. Sie soll individuelle Lernprozesse begleiten und Lerngelegenheiten schaffen, anstatt nur Ergebnisse festzuhalten (Schmidinger et al., 2016).

Dylan Wiliam (2014) formuliert fünf zentrale Strategien formativer Beurteilung:

1. *Transparenz über Lernziele und Erfolgskriterien:* Lernende müssen wissen, warum sie bestimmte Schulnoten bekommen.
2. *Lernprozesse nachvollziehen:* Durch Gespräche und Aufgaben erkennen Lernende, wie ein Ergebnis entstanden ist.
3. *Individuelles Feedback:* Rückmeldung soll auf Beobachtung, Vertrauen und echtem Interesse beruhen.
4. *Peer-Feedback und Selbstregulation:* Lernende werden als Ressource füreinander genutzt und stärken so ihre Reflexionsfähigkeit.
5. *Verantwortungsübernahme durch die Lernenden:* Fehler werden als natürlicher und wertvoller Teil des Lernprozesses gesehen, was zu der Erkenntnis führt, dass Lernerfolg in der Hand der Schüler*innen liegt. Sie übernehmen Verantwortung, indem sie Fehler reflektieren, daraus lernen und sich selbstständig verbessern.

Zusammenfassend kann festgestellt werden, dass es für erfolgreiche Lernprozesse klare Rückmeldungen, transparente Beurteilungskriterien und den Dialog zwischen Lehrperson und Lernenden braucht (Schmidinger et al., 2016).

Wichtige Erkenntnis für den Unterricht

Gutes, konstruktives Feedback zeichnet sich dadurch aus, dass Rückmeldungen Schüler*innen in ihrer Entwicklung unterstützen und Vertrauen in ihre Fähigkeiten zeigen. Einfache Noten oder allgemeine Aussagen wie „gut gemacht" reichen dafür nicht aus – es braucht klare Begründungen und Hinweise für das Weiterlernen.

4.3 Wie kann Daniel Costa die Schüler*innen dabei unterstützen, ihre Lernstrategien gezielt zu verbessern und ihre Fähigkeit zur Selbstregulation zu entwickeln?

Daniel: Aylin, ich habe das Gefühl, viele meiner Schüler*innen wissen gar nicht, *wie* sie richtig lernen sollen. Sie starten einfach, ohne nachzudenken, und sind schnell frustriert.
Aylin: Ja, das kenn' ich. Es hilft, wenn du mit ihnen über Lernstrategien sprichst und ihnen zeigst, wie sie selbst merken können, ob etwas funktioniert. So entwickeln sie Schritt für Schritt mehr Fähigkeiten zur Selbstregulation.
Daniel: Also nicht nur *was* sie lernen, sondern auch *wie* sie ihren Lernprozess selbst steuern? Klingt gut, ich bau' da mal etwas in die nächste Stunde ein.

Der Dialog illustriert, wie wichtig es ist, dass Lehrer*innen ihre Schüler*innen dabei unterstützen, passende Lernstrategien zu finden. Damit Schüler*innen gut lernen können, brauchen sie Informationen darüber, *wie* man lernt. Auf dieser Grundlage können sie ihre eigenen Lernwege entdecken, sich Inhalte besser merken und langfristig Kompetenzen aufbauen. *Tabelle 4.1* stellt verschiedene Formen von Lernstrategien kompakt und praxisnah dar.

Tabelle 4.1: Formen von Lernstrategien (eigene Darstellung nach Brägger, Hagenauer & Hascher, 2017)

Strategie	Erklärung	Beispiele
Kognitive Lernstrategien		
Memorierstrategien	Lernende wiederholen Inhalte gezielt, um Wissen kurzfristig zu behalten.	Inhalte laut aufsagen, Karteikarten nutzen, Abschreiben, Wiederholen in Gruppen
Ordnende Strategien	Lernende strukturieren Inhalte, um Zusammenhänge besser zu erkennen.	Kerngedanken markieren, Mindmaps, Überschriften, Tabellen
Verknüpfende Strategien	Neues Wissen wird mit Bekanntem verknüpft, um ein tieferes Verständnis zu fördern.	Inhalte mit Vorwissen verbinden, Alltagsbeispiele, eigene Erklärungen
Metakognitive Lernstrategien		
Planungsstrategien	Lernende planen im Voraus, was und wie sie lernen wollen.	Lernziele formulieren, Lernzeit einteilen, To-do-Listen
Strategien der Selbstkontrolle	Lernende überprüfen laufend ihren Lernfortschritt.	Checklisten, Verständnisfragen, Zwischenziele überprüfen
Strategien der Selbstregulierung	Lernende reagieren flexibel auf Schwierigkeiten und passen ihr Vorgehen an.	Strategie ändern, kurze Pause machen, Hilfe holen
Ressourcenorientierte Strategien		
Nutzung persönlicher Ressourcen	Lernende sorgen für sich selbst, um leistungsfähig zu bleiben.	Bewegungs- und Entspannungspausen, ausreichend Schlaf
Gemeinsames Lernen	Lernende nutzen die Zusammenarbeit mit anderen zum gemeinsamen Denken und Lernen.	Austausch über Lösungswege, Gruppenarbeit, gegenseitige Erklärungen
Gestaltung von Lernzeit und -umgebung	Lernende schaffen eine unterstützende Lernumgebung.	Zeitmanagement, ruhiger Arbeitsplatz, Lernmaterial bereitlegen
Motivationsstrategien		
Strategien zur Lernmotivation	Lernende fördern aktiv ihre Motivation zum Lernen.	Selbstbelohnungen, Erfolgserlebnisse festhalten, Ziele visualisieren
Emotionsstrategien		
Strategien zur Emotionsregulation	Lernende steuern ihre Gefühle, um fokussiert und zuversichtlich zu bleiben.	Positive Selbstgespräche, Imagination, Musik zur Beruhigung
Umgang mit Misserfolg und Widerständen	Lernende lassen sich durch Fehler nicht entmutigen und suchen neue Wege.	Fehlertoleranz, realistische Teilziele, aus Fehlern lernen

Wichtige Erkenntnis für den Unterricht

Schüler*innen brauchen Unterstützung, um passende Lernstrategien zu finden und ihren Lernprozess selbst zu steuern. Lehrpersonen helfen, indem sie Strategien erklären und zur Reflexion anregen. So stärken Schüler*innen ihre Selbstregulation, lernen effektiver und bauen nachhaltig Kompetenzen auf. Wichtig ist dabei nicht nur, *was* gelernt wird, sondern auch, *wie* gelernt wird.

4.4 Welche Möglichkeiten hat Daniel Costa, seine Schüler*innen individuell zu fördern?

Daniel: Aylin, ich möchte meine Schüler*innen individuell fördern, aber manchmal weiß ich gar nicht, wo ich anfangen soll.
Aylin: Differenzierte Aufgaben sind ein guter Einstieg, so können alle am gleichen Thema arbeiten, aber auf ihrem Niveau. Wenn du das mit klaren Lernzielen verknüpfst, kannst du sogar kleine Lern- oder Förderpläne daraus entwickeln.
Daniel: Das klingt machbar. So sehen die Schüler*innen auch selbst, was sie erreichen sollen, und ich kann gezielter unterstützen. Ich probier' das einmal aus!

Aylin macht im Gespräch mit Daniel klar, wie wichtig individuelle Förderung im Unterricht ist. Da Schüler*innen unterschiedlich lernen, brauchen sie gezielte Unterstützung, um erfolgreich zu sein. Differenzierte Aufgaben, klare Lernziele und Förderpläne helfen dabei, auf individuelle Bedürfnisse einzugehen. Entscheidend ist, dass Lehrpersonen Lernprozesse aktiv begleiten und Schüler*innen dabei einbinden. Im Mittelpunkt steht nicht das Aufzeigen von Schwächen, sondern das Erkennen und Fördern von Stärken und Potenzialen, ganz im Sinne von *Schatzsuche statt Fehlersuche.*

Ein starkes Duo: Pädagogische Diagnostik und individuelle Förderung

Die individuelle Förderung von Schüler*innen basiert auf einer fundierten und kontinuierlichen Diagnostik. Dieser Prozess ist nicht als einmaliger Test zu verstehen, sondern als fortlaufendes, professionelles Wahrnehmen von Stärken, Lernvoraussetzungen und Entwicklungspotenzialen im Unterricht. Die Verbindung von Diagnostik und Förderung erfolgt in mehreren Schritten bzw. in Form eines Kreislaufs (Zoyke, 2017).

1. Diagnostik
   - Methoden: Beobachtung, Gespräche, Tests, Kompetenzraster
   - Ziel: Erkennen von Lernvoraussetzungen, Potenzialen und Schwierigkeiten
2. Zielfestlegung
   - Entwicklung realistischer, individueller Lernziele gemeinsam mit Schüler*innen
   - Lehrpersonen orientieren sich an dem, was Schüler*innen mit Unterstützung schon lernen können, auch wenn sie es allein noch nicht schaffen. So können sie gezielt unterstützen und Lernschritte ermöglichen. Dieses Prinzip nennt man „Zone der nächsten Entwicklung" nach Vygotsky.

3. Förderplanung & Umsetzung
   - Einsatz differenzierter Aufgaben, Materialien, angepasste Sozialformen, bei Bedarf zusätzliche Lernzeit
   - Verwendung von Lern- und Entwicklungsplänen
4. Formative Kontrolle
   - Regelmäßige Rückmeldung und Überprüfung des Lernprozesses
   - Reflexion der Lernangebote (evaluative Diagnostik)
5. Dokumentation
   - Sichtbarmachen von Lernwegen, Stärken und Fortschritten
   - Instrumente: Kompetenzraster, Kann-Listen, Entwicklungsbögen, Portfolios
   - Sowohl Lehrpersonen als auch Schüler*innen können die Dokumentation während des Lernprozesses mitgestalten und begleiten.

Besonders wichtig: Förderung ist kein einmaliger Schritt, sondern ein fortlaufender, sich ständig weiterentwickelnder Prozess, der das Lernen begleitet. Dieser Prozess verdeutlicht, dass Diagnostik und Förderung untrennbar miteinander verbunden sind. Eine genaue Beobachtung und Analyse ermöglicht gezielte Unterstützung, während ein passgenauer Unterricht wiederum neue diagnostische Erkenntnisse liefert.

Die formative Kontrolle erfolgt begleitend im Lernprozess, beispielsweise durch Lernentwicklungsgespräche oder regelmäßige Rückmeldungen. Dies ermöglicht eine zeitnahe Anpassung der Fördermaßnahmen. Durch die Dokumentation werden Lernwege sichtbar und anschlussfähig. Damit verbunden ist auch eine professionelle Haltung: Rückmeldungen sollen Mut machen, Orientierung geben und Entwicklung begleiten – und nicht nur Leistung bewerten (Stern, 2010).

Wichtige Erkenntnis für den Unterricht

Nur durch systematische Diagnostik kann gezielt gefördert werden, und nur durch wirksame Förderung wird sichtbar, ob die Diagnose richtig war. Dieser Zyklus macht deutlich, dass Förderung ein Prozess ist, der sich auf kontinuierliche Diagnostik stützt und diese zugleich weiterentwickelt. Die enge Verzahnung von Diagnostik und Förderung ermöglicht es Lehrkräften, individualisierte Lernangebote zu gestalten und den Unterricht an die Bedürfnisse der Schüler*innen anzupassen.

4.5 Wie kann Daniel Costa die Kommunikation mit seinen Schüler*innen beziehungsfördernd gestalten?

Daniel: Aylin, ich hab' das Gefühl, bei manchen Schüler*innen kommt gar nicht an, dass ich's eigentlich gut mit ihnen meine.
Aylin: Ja, das kenn' ich.
Daniel: Wie kann ich die Kommunikation so gestalten, dass sie die Beziehung stärkt?
Aylin: Oft hilft's schon, wirklich zuzuhören und echtes Interesse zu zeigen, auch wenn's mal anstrengend ist. Sprich in Ich-Botschaften, also nicht bewerten, sondern sagen, wie du etwas erlebst. Das schafft Nähe und Vertrauen.
Daniel: Klingt logisch. Wenn ich mehr zeige, dass ich sie wirklich sehe und ernst nehme, kommt wahrscheinlich auch mehr zurück. Ich versuch's mal bewusster.

Hier wird deutlich, dass beziehungsfördernde Kommunikation ein Schlüsselelement für erfolgreiche Lehr-Lern-Prozesse ist, da sie – wie Hehn-Oldiges (2021) herausarbeitet – die Grundlage für Vertrauen, Motivation und persönliches Wachstum im Unterricht schafft. Folgende zentrale Aspekte beziehungsfördernder Kommunikation werden von ihr angeführt:

1. Eine wertschätzende, offene und zugewandte Haltung bildet das Fundament beziehungsfördernder Kommunikation. Lehrpersonen sollten Schüler*innen auch bei stark emotionalem Verhalten ernst nehmen und Verständnis zeigen. Unterschiedliche Sichtweisen sind als Folge subjektiver Wahrnehmungen aufgrund individueller Erfahrungen zu verstehen und nicht als objektiv richtige oder falsche Tatsachen.
2. Aktives Zuhören beinhaltet Verbalisieren (Spiegeln von Emotionen), Paraphrasieren (Spiegeln des Gesagten), Nachfragen, Zusammenfassen, Unklares aufklären. Es signalisiert das Ernstnehmen von Emotionen, echtes Interesse an den Schüler*innen und fördert eine offene, verständnisvolle Atmosphäre. Ziel ist es, einfühlend herauszuhören, statt hineinzuinterpretieren.
3. Statt Vorwürfe oder Verallgemeinerungen zu verwenden, sollten Lehrpersonen Ich-Botschaften nutzen. Dadurch werden persönliche Wahrnehmungen, Eindrücke und Meinungen betont und anders als bei Zuschreibungen, Widerstand oder Verletzungen von Schüler*innen vermieden. Ich-Botschaften laden den*die Gesprächspartner*in dazu ein, seine*ihre Sichtweisen offenzulegen.
4. Konstruktives Feedback sollte ermutigend und nicht abwertend sein. Es ist wichtig, Erfolge zu benennen, Verhalten oder Leistung zu beschreiben und Alternativen aufzuzeigen, anstatt nur Fehler hervorzuheben.
5. Lehrpersonen sollten Eskalationen vermeiden, indem sie ihr eigenes Verhalten reflektieren und nicht aus Ärger oder Kränkung reagieren. Emotionale Selbstregulation ist ein wichtiger Teil professionellen Handelns.

6. Die Selbstbestimmungstheorie von Deci und Ryan (2000) unterstreicht die Bedeutung von Autonomie, Kompetenz und sozialer Eingebundenheit für Motivation und Wohlbefinden. Die Möglichkeit der Selbstregulation, passende Aufgaben und beziehungsfördernde Kommunikation unterstützen gezielt die Erfüllung dieser Grundbedürfnisse und sind damit der Schlüssel zur Motivation und Lernbereitschaft.

Lea Wedewardt (2022) empfiehlt folgende Herangehensweisen für eine achtsame und vorurteilsfreie Kommunikation, die zusammenfassend aufzeigen, wie die Beziehung zwischen Lehrkräften und Schüler*innen gestärkt werden kann:

1. Respektvoll reden: Vermeide Vorurteile und spöttische Kommentare wie „Schön, dass du es auch mal pünktlich schaffst!"
2. Keine Drohungen: Drohungen und kollektive Strafen schaden der Beziehung.
3. Ernst nehmen: Zeige Verständnis für jugendliche Sorgen und nimm sie ernst.
4. Geschlechtergerecht sprechen: Vermeide Verallgemeinerungen wie „Die Jungs stören immer".
5. Wertschätzendes Feedback: Lob sollte sich auf konkrete Fortschritte beziehen, nicht nur auf Leistung.
6. Eigene Gefühle zeigen: Sprich ehrlich aus, was dich stört, ohne die Schüler*innen abzuwerten.
7. Positives hervorheben: Beginne mit dem, was schon gut ist, bevor du Verbesserungen ansprichst.
8. Klare Sprache: Gib verständliche Anweisungen und lass Lernende sich gegenseitig unterstützen.
9. Mitentscheiden lassen: Beziehe Schüler*innen aktiv in Entscheidungen ein, um Verantwortung zu fördern.
10. Vorbild sein: Schüler*innen beobachten ihre Lehrkräfte genau, achte auf deine Kommunikation.

Wichtige Erkenntnis für den Unterricht

Beziehungsfördernde Kommunikation im Unterricht basiert auf einer achtsamen, zugewandten Haltung, der Bereitschaft zuzuhören und der Fähigkeit, Gefühle und Bedürfnisse hinter Worten zu erkennen. Besonders in Konfliktsituationen sollte das Ziel nicht „Recht haben" sein, sondern Verständigung, Deeskalation und das Finden gemeinsamer Lösungsschritte (Hehn-Oldiges, 2021).

Wie begleitende Diagnostik in der Praxis so gestaltet werden kann, dass sie zielerreichendes Lernen unterstützt, und zwar anhand einer schrittweisen Übersicht, die den Lernprozess strukturiert und Differenzierung ermöglicht, anschließende Förderung gezielt gestaltet und die Lerndokumentation durchgehend einbindet, wird in *Tabelle 4.2* und *Tabelle 4.3* sowie den daran anschließenden Erläuterungen dargelegt.

Tabelle 4.2: Schrittweise Übersicht – Lernprozess und Differenzierung (Dubs, 2009)

Schritte	Inhalt	Ziel / nächste Maßnahme
Schritt 1	Die Lernenden werden über das Lernziel und den angestrebten Standard der Aufgabe informiert.	Transparenz: Lernende wissen, worauf sie hinarbeiten.
Schritt 2	Die Lernenden werden unterrichtet und wenden das Gelernte aktiv an.	Aktive Auseinandersetzung mit dem Lernstoff durch Übungen, Aufgaben und Gespräche
Schritt 3	Die Lernenden absolvieren einen *formativen Test* zur Lernaufgabe.	Diagnose: Ermittlung des Lernstandes, Rückmeldung zum Lernfortschritt
Schritt 4a	Lernende, die den Standard erreichen, schreiten im Lernprozess weiter.	Weiterführende Aufgaben, Vertiefung oder kreative Anwendung
Schritt 4b	Lernende, die den Standard *nicht* erreichen, erhalten gezielte Zusatzförderung.	Unterstützter Aufbau von Kompetenzen, je nach Bedarf

Wenn Lernende den Standard *nicht erreichen*, erfolgt eine gezielte Förderung auf drei abgestuften Niveaus (vgl. *Tabelle 4.3*).

Tabelle 4.3: Differenzierte anschließende Förderung

Fördermaßnahme	Zielgruppe	Beispielhafte Umsetzung
Diagnose & Basistraining	Lernende mit grundlegenden Lücken	Wiederholung zentraler Inhalte, Basisübungen, individuelles Material
Strukturierter Förderunterricht	Lernende mit Teilerfolgen	Schrittweise Unterstützung, klärende Rückmeldungen, angeleitete Aufgaben
Anwendungsförderung	Lernende, die fast am Ziel sind	Vertiefung, Transferaufgaben, vernetztes Wiederholen

Die *Lerndokumentation als durchgehender Bestandteil* begleitet den gesamten Prozess kontinuierlich und unterstützt die Transparenz sowie Reflexion des Lernverlaufs. D. h., dass die Lernenden parallel zum gesamten Lernprozess *ihre individuellen Lernwege* dokumentieren, z. B. durch

- Lernjournale, Lerntagebücher oder Kompetenzraster
- Reflexionsphasen nach Übungseinheiten oder Tests
- Zielvereinbarungen und eigene Einschätzungen.

Diese Dokumentation stärkt die *Selbstreflexion* und die *Verantwortung für das eigene Lernen.* Sie gibt auch Lehrpersonen wichtige Hinweise für die individuelle Begleitung und Rückmeldung.

Zielerreichendes Lernen ist ein klar strukturierter Prozess, der auf *Transparenz, formative Diagnostik, individuelle Förderung* und *selbstgesteuerte Reflexion* setzt. Wer das Lernziel erreicht, wird herausgefordert, wer es (noch) nicht erreicht, wird unterstützt. Die begleitende *Lerndokumentation hilft,* Lernfortschritte sichtbar zu machen, Motivation zu stärken und Anschlussförderung gezielt zu planen.

Zusammenfassung

Nachdem die zentralen Grundlagen der pädagogischen Diagnostik erläutert wurden, zeigt Fallbeispiel 4.2, wie Daniel Costa seinen Unterricht überarbeitet hat. Welche Veränderungen tragen dazu bei, den Unterricht effektiver und interaktiver zu gestalten?

Fallbeispiel 4.2: Daniel Costa – Wie er durch Reflexion und förderpädagogische Anpassungen seinen Unterricht weiterentwickelt

Daniel Costa betritt das Klassenzimmer, lächelt und begrüßt die Schüler*innen: „Guten Morgen, schön euch zu sehen! Wir starten heute mit einem kurzen Lerncheck, um zu sehen, wo ihr steht.“ Er verteilt die Kopien mit den Fragen und erklärt: „Es geht nicht darum, eine Note zu bekommen, sondern darum, eure Stärken und Schwächen zu erkennen.“ Während die Schüler*innen schreiben, geht Herr Costa aufmerksam durch die Reihen, beobachtet, wer Schwierigkeiten hat, und macht sich Notizen. Nach 15 Minuten beendet er den Lerncheck: „Lasst uns gemeinsam die wichtigsten Aufgaben besprechen. Wo hattet ihr Schwierigkeiten?“ Er gibt gezieltes Feedback, zeigt Lösungswege auf und ermutigt zur Selbstreflexion. Dann stellt er die nächste Aufgabe vor: „Heute arbeiten wir in Gruppen. Erstellt eine Übersicht zu den wichtigsten Punkten der letzten Einheit. Ich gebe euch dazu eine Struktur, an der ihr euch orientieren könnt.“ Er geht von Gruppe zu Gruppe, stellt Fragen und gibt Denkanstöße. Lisa wirkt unmotiviert. Daniel Costa setzt sich zu ihr: „Ich merke, dass dich etwas stört. Magst du mir sagen, was los ist?“ Lisa seufzt: „Ich verstehe das einfach nicht.“ Er nickt verständnisvoll: „Lass uns gemeinsam eine Strategie finden, die für dich funktioniert.“ Am Ende fasst er zusammen: „Ihr habt großartig gearbeitet! Die nächste Schularbeit bereiten wir systematisch vor. Ich erstelle eine Übersicht mit den wichtigsten Inhalten.“ Die Schüler*innen verlassen den Raum motiviert, mit einem Plan und einem guten Gefühl.

Daniel Costa ist bemüht, eine gute Beziehung zu den Schüler*innen aufzubauen, indem er wertschätzend ermutigt, Bedürfnisse wahrnimmt, die Schüler*innen ernst nimmt und aktiv Unterstützung anbietet.

Tipps: Individuelle Lernvoraussetzungen berücksichtigen

Nutzen Sie pädagogische Diagnostik, um Lernstände systematisch zu erfassen und gezielt zu fördern. Geben Sie Feedback klar, konstruktiv und ermutigend, um Lernprozesse aktiv zu unterstützen. Kommunizieren Sie wertschätzend, indem Sie zuhören, Ich-Botschaften verwenden und die Beziehung stärken.

Reflexionsfragen

1. Wie hätten Sie Daniel Costas Unterricht anders gestaltet? Überlegen Sie mindestens drei konkrete Veränderungen.
2. Erinnern Sie sich an eine Situation, in der Sie den Lernstand einer Person falsch eingeschätzt haben? Woran lag das und was würden Sie heute anders machen?
3. Denken Sie an ein Feedback, das Sie selbst einmal erhalten haben. Was daran war hilfreich, was nicht? Wie möchten Sie künftig selbst Rückmeldung geben?
4. In welcher Lernsituation haben Sie erlebt, dass wertschätzende Kommunikation den Verlauf oder das Ergebnis positiv beeinflusst hat? Wie könnten Sie das im Unterricht nutzen

Literaturtipps

Zur Unterstützung im Umgang mit herausfordernden pädagogischen Situationen siehe

1. Hehn-Oldiges, M. (2021). *Wege aus Verhaltensfallen. Pädagogisches Handeln in schwierigen Situationen*. Beltz Pädagogik.

Einen umfassenden und kritischen Überblick über die Grundlagen, Methoden und Anwendungsfelder der pädagogischen Diagnostik bietet

2. Ingenkamp, K. & Lissmann, U. (2008). *Lehrbuch der Pädagogischen Diagnostik*. Beltz Pädagogik.

Praxisnahe Anregungen für eine formative, kompetenzorientierte und motivierende Leistungsbewertung liefert

3. Stern, T. (2010). *Förderliche Leistungsbewertung*. https://www.oezeps.at/wp-content/uploads/2011/07/Leistungsbewertung_Onlineversion_Neu.pdf

Literatur

Black, P. & Wiliam, D. (1998). Assessment and classroom learning. *Assessment in Education: Principles, Policy & Practice, 5*(1), 7–74.

Brägger, G., Hagenauer, G. & Hascher, T. (2017). *Kartenset Lernstrategien. 52 Schülerkarten mit Booklet*. Beltz.

Dubs, R. (2009). *Lehrerverhalten. Ein Beitrag zur Interaktion von Lehrenden und Lernenden im Unterricht*. Franz Steiner.

Frey, A. (2020). Computerisiertes adaptives Testen in der schulischen Leistungsmessung. *Zeitschrift für Pädagogik, 66*(3), 303–320.

Greuel, N. (2016). Kommunikation für Lehrkräfte. Beratung – Konflikte – Teamarbeit – Moderation. Kohlhammer.

Hattie, J. & Timperley, H. (2007). The power of feedback. *Review of Educational Research, 77*(1), 81–112.

Helmke, A., Hosenfeld, I. & Schrader, F.-W. (2004). Vergleichsarbeiten als Instrument zur Verbesserung der Diagnosekompetenz von Lehrkräften. In R. Arnold & C. Griese (Hrsg.), *Schulmanagement und Schulentwicklung* (S. 115–135). Schneider.

Meyer, H. (2013). *Was ist guter Unterricht?* Cornelsen Schulverlage GmbH.

Schrader, F.-W. (2013). Diagnostische Kompetenz von Lehrpersonen. *Beiträge zur Lehrerbildung, 31*(2), 154–165.

Südkamp, A., Kaiser, J. & Möller, J. (2012). Accuracy of teachers' judgments of students' academic achievement: A meta-analysis. *Journal of Educational Psychology, 104*(3), 743–762.

Schmidinger, C., Sacher, W., Eder, F. & Spiel, C. (2016). *Nationaler Bildungsbericht Österreich 2015. Band 2: Fokussierte Analysen bildungspolitischer Schwerpunkte*. Leykam.

Staats, C. (2016). Understanding implicit bias: What educators should know. *American Educator, 39*(4), 29–33, 43. https://www.aft.org/sites/default/files/ae_winter2015staats.pdf

Wedewardt, L. (2022). *Wörterzauber statt Sprachgewalt*. Herder.

Wiliam, D. (2014). *Embedding formative assessment: Practical techniques for K-12 classrooms*. Solution Tree Press.

Zoyke, A. (2017). Individuelle Förderung von Jugendlichen im Übergangssystem: Der Qualitätskompass Individuelle Förderung zur Entwicklung beruflicher Schulen und ihrer Bildungsgänge. In G. Niedermair (Hrsg.), *Benachteiligtenförderung: Theoretische Einsichten, empirische Befunde und aktuelle Maßnahmen*. Schriftenreihe für Berufs- und Betriebspädagogik, Bd. 10 (S. 165–186). Trauner.

5 Umgang mit Vielfalt

Sabine Albert, Sandra Reitbrecht

Schlagworte

Heterogenität, Differenzierung, Inklusion, DaZ, Sprachliche Bildung, Interkulturalität

Orientierung

Dieses Kapitel bietet professionsbegleitend studierenden Lehrkräften einen Leitfaden für einen respektvollen und inklusiven Umgang mit Vielfalt im Unterricht sowie praktische Ansätze und Methoden zur Differenzierung und Inklusion, um allen Schüler*innen gerecht zu werden und ihre individuelle Entwicklung zu fördern.

Fallbeispiel 5.1: Julia Weber – Alle gleich… oder nicht?

Julia Weber betritt das Klassenzimmer der ersten Klasse einer Handelsschule. Die Schüler*innen sitzen in kleinen Gruppen, einige unterhalten sich, andere schauen auf ihre Handys. „Heute beschäftigen wir uns mit professioneller Kundenkommunikation", beginnt Frau Weber. „Das ist ein zentrales Thema für euch, wenn ihr später im Büro oder im Kundenservice arbeitet." Die Klasse ist sehr heterogen: Die Schüler*innen kommen aus unterschiedlichen sozio-ökonomischen Kontexten, einige haben Deutsch als Zweitsprache, andere kämpfen mit Lernschwierigkeiten wie einer Lese-Rechtschreib-Schwäche, während manche bereits sehr selbstbewusst auftreten. Julia Weber berücksichtigt diese Unterschiede jedoch nicht. Sie verteilt Arbeitsblätter mit Fachtexten. „Lest den Text und beantwortet die Fragen", sagt sie kurz angebunden. Farid, der erst seit zwei Jahren in Österreich lebt, hebt die Hand: „Entschuldigung, was bedeutet ‚kundenorientierte Gesprächsführung'?", fragt er vorsichtig. Frau Weber seufzt: „Das steht im Text, lies nochmal nach." Farid schaut auf das Blatt, doch die langen Sätze sowie die im Text verwendete Bildungssprache und die Fachbegriffe überfordern ihn. Neben ihm murmelt ein Mitschüler: „Das dauert ja ewig." Lisa, die eine Lese-Rechtschreib-Schwäche hat, starrt ebenfalls auf das Arbeitsblatt. „Ich kann so lange Texte nicht schnell lesen", sagt sie leise. „Dann streng dich mehr an", kommentiert Frau Weber knapp. Lisa schaut weg und versucht, ihre Enttäuschung zu verbergen. Nach einigen Minuten fragt Julia Weber in die Runde: „Wer kann erklären, warum eine positive Gesprächshaltung wichtig ist?" Jonas, ein selbstbewusster

Schüler, meldet sich sofort. „Weil man so Vertrauen aufbaut und der Kunde sich wohlfühlt", sagt er. „Perfekt! Und was ist mit euch anderen?", fragt die Lehrerin. Amina hebt zögerlich die Hand: „Vielleicht..., weil es wichtig ist, nett zu sein?", sagt sie leise. „Zu einfach. Ich brauche eine richtige Antwort." Amina errötet und zieht ihre Hand zurück. Jonas grinst zufrieden, während Amina schweigend in ihren Stuhl zurücksinkt. Im nächsten Teil der Stunde sollen die Schüler*innen in Gruppen ein Rollenspiel zur Kundenkommunikation vorbereiten. „Ihr habt zehn Minuten Zeit", sagt Frau Weber. Kevin, der eine Hörbeeinträchtigung hat, fragt: „Was genau sollen wir machen?" „Ein Rollenspiel", sagt Frau Weber knapp. Als Kevin nach vorne kommt, stockt er. „Ähm... also, ich...", beginnt er unsicher. „Das muss schneller gehen", sagt Frau Weber. „In der Arbeitswelt gibt es keine Extrazeit." Kevin senkt den Kopf und setzt sich still hin. Farid kämpft beim Rollenspiel mit den Worten: „Hallo... äh, wie kann ich Ihnen... äh... helfen mit Problem?" Einige Schüler*innen kichern. „Farid, das muss flüssiger kommen", sagt Julia Weber streng. Farid schaut beschämt zu Boden. Zum Abschluss fragt die Lehrerin: „Was ist der wichtigste Aspekt in der Kundenkommunikation?" Amina hebt vorsichtig die Hand. „Ich würde immer zuerst nach dem Wohlbefinden fragen, bevor ich über Geschäfte spreche", erklärt sie. Frau Weber runzelt die Stirn. „Das mag in eurer Kultur so sein, aber hier zählt Effizienz. Ihr müsst euch anpassen." Amina senkt die Hand. Die Stunde endet und einige Schüler*innen verlassen frustriert den Raum.

Was macht Julia Weber?

Julia Weber unterrichtet ohne Rücksicht auf die vielfältigen Bedürfnisse ihrer Schüler*innen. Sie ignoriert Sprachbarrieren und Lernschwierigkeiten. Sie fordert Anpassung an ein einheitliches Leistungsniveau, ohne Unterstützung zu bieten. Sie vermittelt wenig Wertschätzung für die Unterschiede ihrer Schüler*innen und versäumt es, individuell auf Lernvoraussetzungen einzugehen, was zu Frustration und Ausgrenzung führt.

Leitfragen

1. Wie kann Julia Weber ihre Sensibilität für Heterogenität im Unterricht entwickeln, um unterschiedliche Lernvoraussetzungen und Bedürfnisse der Schüler*innen bewusst wahrzunehmen und angemessen darauf einzugehen?
2. Über welche grundlegenden Konzepte und Methoden der Differenzierung sollte sie verfügen, um auf die unterschiedlichen Lernvoraussetzungen und Bedürfnisse ihrer Schüler*innen gezielt eingehen zu können?
3. Wie kann sie sicherstellen, dass alle Schüler*innen aktiv am Unterricht teilnehmen können und faire Bildungschancen erhalten?
4. Welche Strategien hat sie zur Verfügung, um mehrsprachige Schüler*innen im Unterricht zu unterstützen und ihre Sprachkenntnisse als Ressource zu nutzen?

5. Wie kann sie interkulturelle Bildung in den Unterricht integrieren, um gegenseitiges Verständnis und Respekt zwischen Schüler*innen zu fördern und Zuschreibungen an Schüler*innen zu vermeiden?

*Was sagt die didaktische Forschung dazu, wie Unterricht durch Differenzierung gestaltet werden kann, damit alle Schüler*innen aktiv teilhaben und erfolgreich lernen können?*

Die Forschung zur Unterrichtsdifferenzierung zeigt, dass Lernangebote an individuelle Bedürfnisse angepasst werden müssen, um erfolgreiches Lernen zu ermöglichen (Weinert, 1997; Bohl et al., 2011). Besonders die Binnendifferenzierung gilt als zentrale Strategie in heterogenen Klassen (Lipowsky & Lotz, 2015). Das *Universal Design for Learning (UDL)* fördert zugängliche Lernumgebungen durch vielfältige Darstellungs- und Ausdrucksformen (CAST, 2018). Wirksame Methoden sind differenzierte Aufgaben, Lernstationen und digitale Medien (Westphal et al., 2016). Entscheidend ist eine reflektierte Haltung der Lehrpersonen, um alle Schüler*innen aktiv einzubeziehen und faire Lernchancen zu schaffen.

Von der Analyse des Unterrichts von Julia Weber ausgehend, richtet sich der Blick nun auf die erste der fünf Leitfragen dieses Kapitels.

5.1 Wie kann Julia Weber ihre Sensibilität für Heterogenität im Unterricht entwickeln, um unterschiedliche Lernvoraussetzungen und Bedürfnisse der Schüler*innen bewusst wahrzunehmen und angemessen darauf einzugehen?

Karim Almasri, Julia Webers Kollege: Na, Julia, wie ist dein Unterricht heute gelaufen?
Julia: Nicht gut. Die Schüler*innen haben nicht gemacht, was ich wollte. Vielleicht sind sie einfach falsch hier.
Karim: Denkst du wirklich, das Problem liegt bei ihnen? Vielleicht brauchen sie einfach andere Zugänge.
Julia: Was meinst du damit?
Karim: Deine Haltung macht den Unterschied. Wenn du ihre Vielfalt als Chance siehst und darauf eingehst, wo sie stehen, kannst du den Unterricht so gestalten, dass alle mitkommen.
Julia: Also mehr auf ihre Bedürfnisse eingehen?
Karim: Genau. Das ist der Schlüssel, damit sie gut lernen können.

Die Sensibilisierung für Heterogenität in Schulklassen ist ein zentraler Aspekt moderner Pädagogik. Prengel (2019) betont in ihrer „Pädagogik der Vielfalt“, dass Verschiedenheit als Normalität und Bereicherung verstanden werden sollte. Eine offene, wertschätzende Haltung gegenüber Vielfalt ermöglicht es Lehrpersonen, individuell auf die Bedürfnisse ihrer Schüler*innen einzugehen.

Definition

Heterogenität im Unterricht bedeutet laut Walgenbach (2017) die Verschiedenheit von Schüler*innen hinsichtlich ihrer Merkmale, Gruppenzugehörigkeiten oder pädagogischen Strukturen. Da Verschiedenheit erst im Vergleich zu einer angenommenen Einheitlichkeit sinnvoll wird, ist Heterogenität eng mit dem Konzept der Homogenität verknüpft. Lehrkräfte stehen vor der Herausforderung, individuelle Förderung und eine gewisse Homogenität auszubalancieren, um gemeinsame Lernziele zu erreichen. Dies erfordert differenzierte didaktische Ansätze und eine reflektierte Unterrichtsgestaltung. Die Schüler*innen unterscheiden sich zunächst in Bezug auf ihre individuellen Persönlichkeitsmerkmale. Dubs (2009) differenziert z. B. Erfahrung, Vorwissen, Lernfähigkeit, Auffassungsgabe, Lerntempo, Selbstvertrauen, Motivation, Ausmaß von Angst im Unterricht, Konzentrationsfähigkeit, Arbeitshaltung und Fähigkeit zur Kooperation. Bei *Diversität* hingegen geht es um die Wertschätzung der vielfältigen Dimensionen von Menschen. Zu den Diversitätsdimensionen zählen laut Walgenbach (2017) z. B. ethnische und nationale Herkunft, Alter, soziale Herkunft, Geschlecht, sexuelle Orientierung, körperliche und geistige Fähigkeiten sowie Religion und Weltanschauung. Insbesondere sozio-emotionale Aspekte beeinflussen das Unterrichtsgeschehen. Schüler*innen verfügen jedoch nicht nur über ein Merkmal, das sie entweder bevorzugt oder benachteiligt, sondern über mehrere. Die gegenseitige Beeinflussung dieser Merkmale wird als *Intersektionalität* bezeichnet. Ein differenzierter Blick auf die komplexe Realität der Schüler*innen ist eine Grundvoraussetzung, um ihre Fähigkeiten, Bedürfnisse und Interessen zu erkennen und zu fördern.

Kernaussage

Die Unterschiede zwischen Schüler*innen werden in der Pädagogik als Ressourcen betrachtet, die das Lernen miteinander und voneinander ermöglichen und zu einer inklusiven Bildung beitragen.

Wichtige Erkenntnis für den Unterricht

Lernen gelingt am besten, wenn die Vielfalt und Einzigartigkeit der Schüler*innen anerkannt und wertgeschätzt werden. Wichtig ist, dass die Lehrperson in ihrem Unterricht die vielfältigen Lernvoraussetzungen und Bedürfnisse von Schüler*innen berücksichtigt und die Schüler*innen entsprechend unterstützt.

Anti-Bias-Ansatz als Grundlage für Chancengleichheit

Um Chancengleichheit im Bildungswesen zu ermöglichen, ist es wichtig, Vorurteilen und Diskriminierung entgegenzuwirken. Der Anti-Bias-Ansatz (Derman-Sparks & Brunson Phillips, 1989) bietet dafür einen Rahmen, indem er Lehrer*innen dazu anregt, ihre eigenen Einstellungen und Verhaltensweisen zu reflektieren und sich ihrer unbewussten Vorurteile bewusst zu werden. Studien haben gezeigt, dass implizite Vorurteile von Lehrkräften einen Einfluss auf das Verhalten und die Leistungen von Schüler*innen haben können (Staats, 2016), was zu Ungleichheiten führt.

Die reflexive Schleife und die Macht der Erwartungshaltungen

Die reflexive Schleife von Peter Senge (2021) gibt eine Erklärung, wie Vorurteile durch Sozialisierung entstehen. Ausgehend von bereits vorhandenen Annahmen und Überzeugungen nehmen Menschen Informationen selektiv wahr und interpretieren diese. Überzeugungen werden dadurch verstärkt oder neue Überzeugungen übernommen, was dazu führt, dass die nächste Wahrnehmung davon beeinflusst wird und der Prozess sich wie eine Schleife fortsetzt. Alternative Perspektiven werden kaum noch berücksichtigt oder bestehende Überzeugungen immer wieder bestätigt. Die Erwartungshaltungen der Lehrperson können folglich zur selbsterfüllenden Prophezeiung werden (Dubs, 2009), da diese Erwartungen oft unbewusst durch nonverbale oder paraverbale Signale an die Schüler*innen vermittelt werden.

Erwartungshaltungen und Differenzierungsprozesse

Differenzierungsprozesse, also die Unterscheidung von Schüler*innen anhand verschiedener Merkmale, spielen eine zentrale Rolle bei der Entstehung von Erwartungshaltungen und Zuschreibungen (Schwarz, 2018). Differenzierungen nach Geschlecht, Leistung, Verhalten sowie ethnischer, sozialer und kultureller Herkunft wirken oft als *normal*, entfalten jedoch eine starke Wirkmacht. Um die komplexen Zusammenhänge zwischen verschiedenen Ungleichheitsdimensionen zu verstehen, ist eine intersektionale Perspektive notwendig (Walgenbach, 2017). Intersektionalität betrachtet die Verflechtung von Differenzlinien wie Ethnizität,

Geschlecht und sozialem Milieu. Albert (2022) zeigt, dass Schüler*innen an berufsbildenden Schulen Haltungen von Lehrpersonen als durch Diversitätsmerkmale geprägt wahrnehmen.

Implizite Erwartungshaltungen und die Notwendigkeit der Reflexion

Erwartungshaltungen beeinflussen das pädagogische Handeln oft unbewusst. Diese „implizite Blindheit" (Neuweg, 2020) erschwert das kritische Hinterfragen von eigenen Vorurteilen. Unter Druck greifen Lehrkräfte auf bekannte und internalisierte Handlungsmuster zurück (Wahl, 2000). Um dies zu verhindern, ist eine bewusste Reflexion der eigenen Überzeugungen notwendig. Nur so können Vorurteile aufgedeckt und das pädagogische Handeln nachhaltig verbessert werden.

Wichtige Erkenntnis für den Unterricht

Erfolgreicher Unterricht berücksichtigt die Einzigartigkeit der Schüler*innen: Reflexion, Vorurteilsbewusstsein (Anti-Bias-Ansatz), Analyse und Verstehen von Ungleichheit (Intersektionalität) führen dazu, dass Lehrpersonen bewusster und gerechter handeln.

5.2 Über welche grundlegenden Konzepte und Methoden der Differenzierung sollte Julia Weber verfügen, um auf die unterschiedlichen Lernvoraussetzungen und Bedürfnisse ihrer Schüler*innen gezielt eingehen zu können?

Julia: Okay, also ich soll auf die Lernvoraussetzungen und Bedürfnisse meiner Schüler*innen eingehen und sie bei ihren Lernprozessen unterstützen.
Karim: Ganz genau, so soll das sein.
Julia: Aber woher soll ich wissen, was die Lernvoraussetzungen und Bedürfnisse meiner Schüler*innen sind? Was, wenn die bei all meinen 26 Schüler*innen in der Klasse komplett unterschiedlich sind? Wie kann ich dann auf alle eingehen?
Karim: Nun, es gibt grundlegende Konzepte und Methoden der Differenzierung, die du gezielt einsetzen kannst. Dafür ist es nicht einmal notwendig, die Lernvoraussetzungen und Bedürfnisse aller Schüler*innen so genau zu kennen, da die Methoden bereits die Vielfalt berücksichtigen.

Wie das Fallbeispiel zeigt, hat Julia Weber ihren Unterricht für eine homogene Lerngruppe vorbereitet. Sie ist dabei von einer *Normalität* ausgegangen und war dann mit Ausprägungen der Abweichungen von Schüler*innen von der Normalität überfordert. Sie ist nicht darauf eingegangen.

Die Analyse von Differenzen in der Klasse ist hilfreich, um Unterricht darauf abgestimmt durchzuführen und differenziert vorzugehen.

Definition

Differenzierung ist ein didaktisches Konzept, das darauf abzielt, den individuellen Lernvoraussetzungen, Fähigkeiten und Interessen der Schüler*innen gerecht zu werden. Dabei wird zwischen äußerer und innerer Differenzierung unterschieden. Die äußere Differenzierung bezieht sich auf organisatorische Maßnahmen wie z. B. die Einteilung in Schulformen oder Klassen. Die innere Differenzierung findet innerhalb der Klasse statt und kann nach verschiedenen Kriterien wie Zielen, Inhalten, Methoden oder Lernvoraussetzungen durchgeführt werden (Westphal et al., 2016). *Tabelle 5.1* zeigt beispielhaft zwei Ansätze innerer Differenzierung:

Tabelle 5.1: Beispielhafte Differenzierungskonzepte

Innere Differenzierung nach Sitte & Wohlschlägl, 2001	***Varianten innerer Differenzierung nach Meyer, 2013***	
• Grad der Themenvereinfachung • Art und Schwierigkeit der Lernmittel • Ausmaß und Schwierigkeit der Aufgaben • Grad der Lehrer- bzw. Peerhilfe • Unterschiedlicher Einsatz von Arbeitsmethoden • Unterschiedliche Sozialformen • Unterschiedliche Interessen • Ausmaß der Vorkenntnisse	Personale Differenzierung zur Herstellung arbeitsfähiger Teilgruppen:	Didaktische Differenzierung im Blick auf Ziele, Inhalte und Methoden des Unterrichts:
	• Leistung: Leistungshomogene Gruppen Leistungsheterogene Gruppen • Förderbedarf • Interessen- und Neigung • Sozialverhalten • Geschlecht, Erstsprache usw.	• Zielgleicher oder zieldifferenter Unterricht • Themengleicher oder themendifferenter (Gruppen- oder Einzel-) Unterricht • Wahlpflicht-Differenzierung • Methodische und/oder mediale Differenzierung
	Selbstregulation in der Differenzierung im offenen Unterricht	

Die Tabelle zeigt verschiedene Ansätze zur Anpassung des Unterrichts an die individuellen Bedürfnisse, Fähigkeiten und Interessen der Schüler*innen. Ein zentraler Aspekt ist die Differenzierung von *Inhalten, Methoden und Unterstützungen*. Beispielsweise können Aufgaben je nach Leistungsniveau variiert werden: Schüler*innen mit Schwierigkeiten in Mathematik erhalten vereinfachte Aufgaben, während andere komplexere bearbeiten. Auch Lernmittel lassen sich anpassen, etwa durch den Einsatz von Bildern oder Videos zur Veranschaulichung. *Sozialformen* spielen ebenfalls eine Rolle. Manche Schüler*innen profitieren von Gruppenarbeit, andere arbeiten besser allein. Unterstützung kann durch Lehrkräfte oder Mitschüler*innen erfolgen, etwa in Form von gezielter Lehrerhilfe oder Peer-Learning. Kleine Gruppen lassen sich nach Leistung, Interessen oder

Förderbedarf einteilen, z.B. zur Sprachförderung. Dabei kann der Unterricht *zielgleich* (alle arbeiten am selben Ziel) oder *zieldifferent* (individuelle Lernziele) gestaltet sein.

Ein weiterer wichtiger Punkt ist die *Selbstregulation*. In offenen Unterrichtsformen, wie z.B. Lernbüro, wählen Schüler*innen Aufgaben, Methoden, Lernorte und den Unterstützungsgrad selbstständig, was Eigenverantwortung und Motivation stärkt. Dabei darf jedoch nicht selbstverständlich davon ausgegangen werden, dass Selbstregulation bereits vorhanden ist – sie muss häufig erst entwickelt und unterstützt werden.

In den 1990er-Jahren wurde von David Rose (2014) und seinen Kolleg*innen am *Center for Applied Special Technology (CAST)* das *Universal Design for Learning (UDL)* entwickelt. Dabei handelt es sich um einen Ansatz, der darauf abzielt, Lernumgebungen für alle Lernenden zugänglich und effektiv zu gestalten (vgl. *Tabelle 5.2*).

Tabelle 5.2: Universal Design for Learning (Meyer, Rose & Gordon, 2014)

Universal Design for Learning (UDL)		
1 Representation Vielfältige Möglichkeiten der Darstellung / Präsentation	*2 Action & Expression* Vielfältige Möglichkeiten der Handlung & des Ausdrucks	*3 Engagement* Vielfältige Möglichkeiten der Beteiligung & Motivation
• Informationen vielfältig präsentieren • Individualisierte und barrierefreie Materialien bereitstellen • Vielfältige Medien nutzen (digital und analog)	• Verschiedene Ausdrucksformen zulassen • Unterstützende Technologien anbieten • Flexible und differenzierte Aufgabenformate ermöglichen	• Selbstorganisation und Autonomie ermöglichen • Interessen einbeziehen • Relevante und sinnstiftende Ziele setzen

Wie in der Tabelle dargestellt, basiert UDL grundsätzlich auf folgenden drei Hauptprinzipien:

1. *Vielfältige Darstellungsmöglichkeiten:* Lerninhalte werden auf verschiedene Arten zur Verfügung gestellt, um unterschiedliche Lernstile zu berücksichtigen.
2. *Vielfältige Ausdrucksmöglichkeiten:* Lernende können ihr Wissen auf verschiedene Weisen zeigen.
3. *Vielfältige Möglichkeiten des Engagements:* Im Unterricht werden verschiedene Wege angeboten, um Lernende zu motivieren und einzubinden.

Diese Prinzipien entsprechen den drei Hauptnetzwerken im Gehirn, die beim Lernen aktiv sind: Wahrnehmungs-, strategische und affektive Netzwerke. UDL sieht Lernbarrieren nicht in den Lernenden selbst, sondern in der Gestaltung des Unterrichts. Ziel ist es, flexible Lernumgebungen zu schaffen, die die Vielfalt der Lernenden berücksichtigen.

Wichtige Erkenntnis für den Unterricht

Differenzierungsansätze und der universale Gestaltungsansatz ermöglichen es, die Lernvoraussetzungen von Schüler*innen bestmöglich zu berücksichtigen, auf ihre Bedürfnisse einzugehen und sie entsprechend beim Lernen zu unterstützen.

5.3 Wie kann Julia Weber sicherstellen, dass alle Schüler*innen aktiv am Unterricht teilnehmen können und faire Bildungschancen erhalten?

Karim: Na, Julia, hast du jetzt ein klareres Bild davon, wie du mit den Unterschieden in deiner Klasse umgehen kannst?
Julia: Ja, ich glaube schon. Aber was ist, wenn ich Schüler*innen habe, die etwas ganz anderes brauchen? Zum Beispiel bei Kindern mit körperlichen Einschränkungen oder einem auffälligen emotional-sozialen Verhalten?
Karim: Das ist eine berechtigte Frage. Du kannst nicht auf jede Situation im Detail vorbereitet sein, gerade bei Schüler*innen mit ADHS oder im Autismus-Spektrum gibt es so viele unterschiedliche Ausprägungen. Aber was du tun kannst, ist, offen und flexibel zu bleiben und individuelle Förderungen zu entwickeln, die auf die Bedürfnisse der jeweiligen Schüler*innen abgestimmt sind.
Julia: Und wie genau gehe ich das an?
Karim: Lass uns gemeinsam anschauen, wie wir den Unterricht so gestalten können, dass jede*r Schüler*in am Unterricht teilhaben kann.

Auch wenn es Gemeinsamkeiten zwischen Schüler*innen gibt, hat doch jede*r etwas, das sie oder ihn einzigartig macht und von anderen unterscheidet.

Definition

Die Salamanca-Erklärung von 1994 beschreibt *Inklusion* als das Recht aller Kinder auf Bildung, unabhängig von ihren individuellen Voraussetzungen. Schulen sollen alle Kinder aufnehmen, unabhängig von physischen, intellektuellen, sozialen, emotionalen oder sprachlichen Fähigkeiten. Dabei müssen sich das Bildungssystem und die Schulen an die Bedürfnisse aller Lernenden anpassen, nicht umgekehrt. Ziel ist eine „Schule für alle“, die Vielfalt als Bereicherung betrachtet, ein gemeinsames Lernen ermöglicht und individuelle Förderung bietet (UNESCO, 1994). Inklusive Bildung bedeutet, dass alle Kinder und Jugendlichen am Unterricht teilhaben können.

Das UDL-Modell, das ursprünglich für Lernende mit Behinderungen entwickelt wurde, hat sich zu einem Ansatz entwickelt, der allen Lernenden zugutekommt. Es fördert Inklusion und verbessert den Lernerfolg für alle Schüler*innen, unabhängig von ihren individuellen Fähigkeiten oder Lernstilen.

Die inklusive Didaktik von Kersten Reich (2014) anerkennt und wertschätzt die Vielfalt aller Schüler*innen. Ihr Ziel ist es, durch individuelle Förderung unterschiedliche Lernvoraussetzungen, Interessen und Fähigkeiten zu berücksichtigen. Dazu braucht es eine flexible Lernumgebung und differenzierte Methoden:

1. Wahrnehmung der Schüler*innen: Jede*r bringt eigene Stärken und Herausforderungen mit. Eine wertschätzende Lehrer*innenhaltung erkennt diese und nutzt diagnostische Verfahren, Reflexion und eine enge Zusammenarbeit mit Kolleg*innen, Schüler*innen, Eltern und Expert*innen zur gezielten Förderung.
2. Unterschiedliche Lernwege: Da Schüler*innen Inhalte verschieden wahrnehmen, hilft das Universal Design for Learning (UDL) mit vielfältigen Zugängen – visuell, auditiv oder praxisorientiert. Offene Unterrichtsformen, adaptive Lernmaterialien und kooperative Methoden unterstützen die Teilhabe aller.
3. Mehrwert für alle: Unabhängig von der Art der Besonderheit profitieren alle von barrierefreien Lernumgebungen, klaren Strukturen, unterstützender Technologie und einer positiven Lernkultur, die Selbstständigkeit und Chancengleichheit stärkt.

Ein *Ausgleich* sorgt für *faire Lernbedingungen*, indem individuelle Unterschiede oder Benachteiligungen kompensiert werden. Dazu gehören:

- *Nachteilsausgleich:* Anpassungen für Schüler*innen mit Beeinträchtigungen, z. B. längere Prüfungszeiten oder alternative Aufgaben.
- *Differenzierung:* Angepasste Lernmethoden und Materialien je nach Fähigkeiten und Bedürfnissen.
- *Fördermaßnahmen:* Zusätzliche Unterstützung wie Sprachförderung oder Assistenzsysteme für barrierefreies Lernen.

Ein Ausgleich bedeutet nicht, dass alle gleichbehandelt werden, sondern dass jede*r individuell passende Unterstützung erhält. Dies fördert Chancengerechtigkeit und ermöglicht eine aktive Teilhabe am Lernprozess.

Reich unterscheidet das medizinische vom sozialen Modell (vgl. *Abbildung 5.1*).

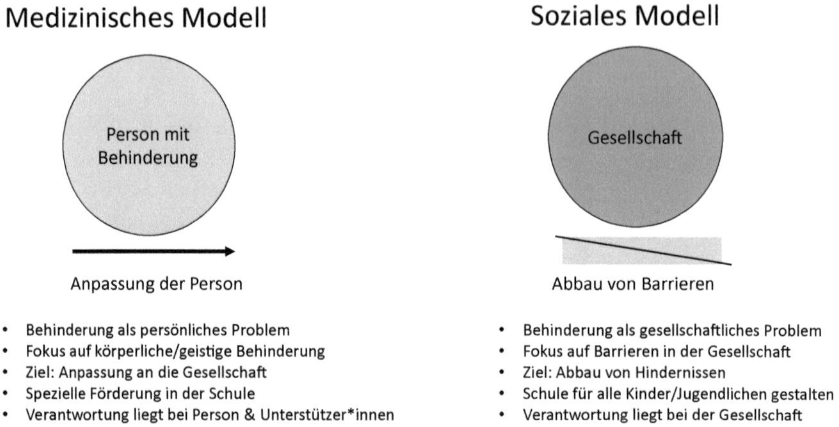

Abbildung 5.1: Modelle von Behinderung – Medizinisches vs. Soziales Modell (eigene Darstellung nach Reich, 2014)

Das Modell kann auf weitere Diversitätsdimensionen übertragen werden, z. B. eine Person mit Migrationshintergrund, die nicht als das Problem wahrgenommen wird, sondern die Barrieren, denen sie Tag für Tag begegnet.

Im Sinne einer inklusiven Bildung begegnen Lehrpersonen der Vielfalt ihrer Schüler*innen mit besonderer Aufmerksamkeit. Wenn sich im Lernprozess individuelle Herausforderungen zeigen ist es wichtig, diese professionell und systematisch zu begleiten. Um alle Lernenden bestmöglich in ihrer Entwicklung zu unterstützen, können Lehrpersonen den folgenden strukturierten individualisierten Problemlöseprozess nutzen (vgl. *Abbildung 5.2*). Dieser ermöglicht es, Herausforderungen frühzeitig zu erkennen, individuell passende Lösungsansätze zu entwickeln und deren Wirksamkeit zu überprüfen.

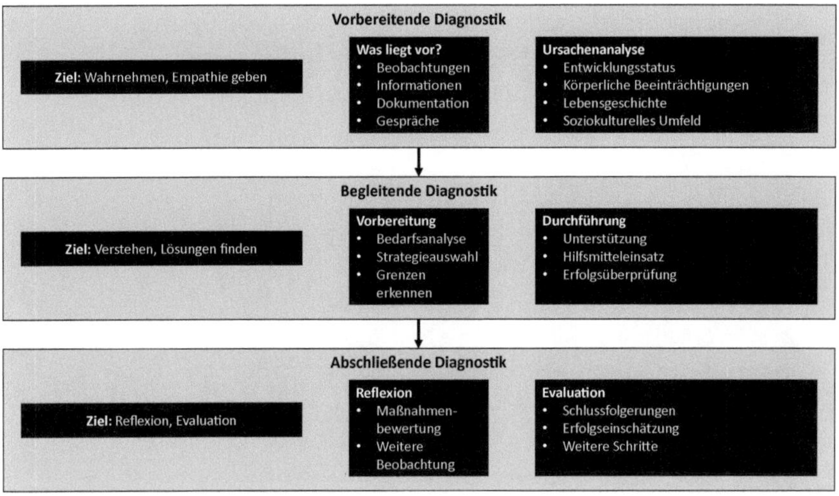

Abbildung 5.2: Problemlöseprozess (eigene Darstellung und hergeleitet von Dubs, 2009)

Der Problemlöseprozess lebt von der aktiven Einbindung der Schüler*innen als Expert*innen ihrer eigenen Lebenswelt. Diese Zusammenarbeit auf Augenhöhe orientiert sich am innovativen *crossfunktionalen Gestaltungsansatz* nach Bieling (2019), der die vielfältigen Perspektiven und Erfahrungen der Lernenden als wertvolle Ressource für die Entwicklung neuer Lösungen versteht. Ähnlich wie ursprünglich beim UDL, können die gemeinsam entwickelten Lösungsansätze die Lernprozesse aller Schüler*innen bereichern.

Wichtige Erkenntnis für den Unterricht

Inklusive Bildung bedeutet, dass alle Schüler*innen unabhängig von ihren individuellen Voraussetzungen gemeinsam lernen können. Schule und Lehrpersonen gestalten den Unterricht flexibel, um unterschiedliche Bedürfnisse zu berücksichtigen, und verstehen Vielfalt als Bereicherung. Mit angepassten Lernwegen, individueller Förderung und barrierefreien Strukturen wird Teilhabe und Chancengerechtigkeit für alle ermöglicht.

5.4 Welche Strategien hat Julia Weber zur Verfügung, um mehrsprachige Schüler*innen im Unterricht zu unterstützen und ihre Sprachkenntnisse als Ressource zu nutzen?

Julia: Ich glaube, jetzt ist mir schon vieles bewusst geworden.
Karim: Super! Hast du noch andere Fragen, wenn du an die Unterrichtssituation von heute zurückdenkst?
Julia: Ja. Wenn ich nun die Vielfalt als Chance sehe, wie ist das dann mit der Mehrsprachigkeit der Schüler*innen? Kann ich diese auch fördern oder zumindest berücksichtigen?
Karim: Ja, auch dazu gibt es zum Glück bereits hilfreiche Ansätze, die wir uns gemeinsam ansehen können.
Julia: Und was kann ich tun, wenn ich merke, dass einzelne Schüler*innen sprachliche Probleme mit den sprachlichen Anforderungen in meinem Unterricht haben?
Karim: Auch diesen Punkt können wir uns kurz ansehen.

Wenn es um Sprache für das Lehren und Lernen geht, so ist zum einen die Mehrsprachigkeit von Schüler*innen zu berücksichtigen und zu fördern, zum anderen Unterricht so zu gestalten, dass er Schüler*innen mit unterschiedlichen Kompetenzen in der (Bildungs-)Sprache Deutsch angemessen unterstützt.

Definitionen

Mehrsprachigkeit meint in diesem konkreten Fall die individuelle Mehrsprachigkeit, also die Tatsache, dass jemandem in seinem*ihrem Sprachenrepertoire mehrere Sprachen zur Verfügung stehen. In diesen Sprachen müssen nicht zwingend fortgeschrittene Kompetenzen ausgebildet sein, sondern auch spezifische Teilkompetenzen in einzelnen Sprachen werden zur individuellen Mehrsprachigkeit gezählt (Haider, 2010, S. 207). Unter *Bildungssprache* wird ein formelles Sprachregister verstanden, das in Lehr-Lernsituationen oft verwendet wird. Ein zentrales Merkmal ist die Situationsunabhängigkeit (Beese et al., 2014, S. 169), d. h. etwas „vollständig und in angemessener Form [so] ausdrücken zu können“ (Beese et al., 2014, S. 169), dass auch nicht anwesende Personen gut folgen können. Bildungssprache ist daher durch Elaboriertheit und Vollständigkeit auf Satz- und Textebene sowie durch Präzision im Wortschatz gekennzeichnet. Sie ist in Lehr-Lernsituationen Medium des Wissenstransfers (kommunikative Funktion), Werkzeug des Denkens (epistemische Funktion), aber mit Blick auf Bildungserfolg auch eine Art Eintrittskarte in Bildungsinstitutionen (sozialsymbolische Funktion) (Morek & Heller, 2012).

Mehrsprachigkeit und Schule

Neben dem *Erstsprachenunterricht* (BMBWF, o. J.; ÖSZ, o. J.), der eine systematische Förderung von Erst- und Familiensprachen von Schüler*innen im österreichischen Schulsystem vorsieht, besteht in allen Unterrichtssituationen die Möglichkeit, Mehrsprachigkeit wertzuschätzen, zu berücksichtigen und dadurch in Ansätzen auch zu fördern. Dies kann durch *mehrsprachigkeitsdidaktische Ansätze* (Oomen-Welke, 2020; Wildemann & Fornol, 2016, S. 281–287) erfolgen. Wildemann und Fornol (2016, S. 281–287) schlagen dazu vor, Sprachen und Mehrsprachigkeit in der Schule und allen Klassenräumen zu integrieren und sichtbar zu machen, über Sprachen zu sprechen, mit Sprachen zu spielen und Sprachen auch zu vergleichen. Im *Curriculum Mehrsprachigkeit* (Krumm & Reich, 2011) wurden Ziele, Lehrstoffe und konkrete Unterrichtsideen für eine Integration von Mehrsprachigkeit(sdidaktik) in den Unterricht auf allen Schulstufen ausgearbeitet. Mit dem Prinzip des *Translanguagings* wird zudem ein konzeptioneller Rahmen geschaffen, alle einem zur Verfügung stehenden sprachlichen Mittel für (schulisches) Lernen zu nutzen (Gantefort, 2020, S. 201; García et al., 2017). Dieser Zugang bietet sich für einen mehrsprachig gedachten Fachunterricht an. Entwicklungen im Bereich KI-basierter Übersetzungstools werden in naher Zukunft weitere Potenziale für Lehrpersonen entfalten, Lernumgebungen im (Fach-) Unterricht proaktiv mehrsprachig zu gestalten.

Sprachbewusster Unterricht zur Förderung von Bildungssprache

Neben der konsequenten Förderung von Mehrsprachigkeit stellt sich auch die Frage, wie sich alle Schüler*innen die Bildungssprache Deutsch aneignen können. *Sprachbewusster Unterricht* verfolgt dabei das Ziel, jeden (Fach-)Unterricht so zu gestalten, dass er die sprachlichen Anforderungen neben fachlichen Lehr-/ Lernzielen berücksichtigt. Ein Rahmenmodell für die sprachbewusste Unterrichtsplanung bietet Gibbons sprachenorientierte Konzeption von *Scaffolding* (vgl. *Abbildung 5.3*).

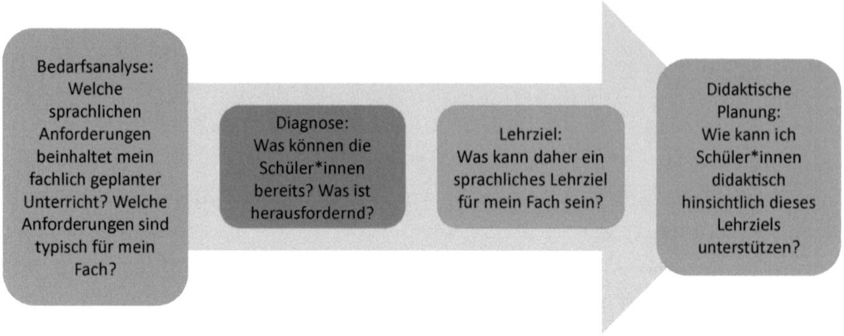

Abbildung 5.3: Schritte des Scaffoldings (Gibbons, 2014)

Die Abbildung zeigt anhand von Leitfragen vier zentrale Schritte, die in der Unterrichtsplanung berücksichtigt werden können, um sich die sprachlichen Anforderungen von Unterricht bewusst zu machen und angemessen reagieren zu können. Konkrete Unterrichtsideen werden laufend vom Österreichischen Sprachen-Kompetenz-Zentrum (ÖSZ, o. J.) veröffentlicht. Das Konzept der *Durchgängigen Sprachbildung* (Gogolin, 2019) betont zudem das Potenzial, das entfaltet werden kann, wenn Lehrende an einem Schulstandort über die Jahrgangsstufen und Fächer hinweg für die Förderung von Bildungssprache zusammenarbeiten.

Wichtige Erkenntnis für den Unterricht

Die Wertschätzung und Integration von Mehrsprachigkeit und die Förderung der Bildungssprache Deutsch stellen zwei zentrale Ziele für sprachlich heterogene Lerngruppen dar. Bestehende Konzepte und Materialien unterstützen Lehrpersonen bei diesem Vorhaben.

5.5 Wie kann Julia Weber interkulturelle Bildung in den Unterricht integrieren, um gegenseitiges Verständnis und Respekt zwischen Schüler*innen mit unterschiedlichen kulturellen Hintergründen zu fördern?

Julia: Das ist ja toll, dass es da schon so viele Anhaltspunkte für mich als Neulehrerin gibt. Zugleich bin ich jetzt aber auch noch einmal verunsichert.
Karim: Wieso?
Julia: Manchmal sagen Schüler*innen etwas und ich denke mir dann immer: „Ja, das ist vielleicht bei euch so, aber hier in Österreich ist es ganz anders." Das ist dann vermutlich auch nicht angemessen, oder?
Karim: Ja, da solltest du in der Tat sehr genau aufpassen. Aber dass dir deine eigene Denkweise aufgefallen ist, ist schon ein guter Hinweis, dass du dein eigenes Handeln auch immer wieder selbstkritisch hinterfragst.

Das laufende Reflektieren und Hinterfragen des eigenen Handelns stellt ein zentrales Prinzip interkulturellen Lernens dar. Im folgenden Abschnitt werden ausgehend vom *Grundsatzerlass Interkulturelle Bildung* (BMBWF, 2017) ausgewählte Aspekte interkulturellen Lernens mit Fokus auf die Rolle der Lehrperson besprochen.

Definition

Interkulturelle Bildung ist ein Unterrichtsprinzip, das „die soziale, kulturelle und sprachliche Vielfalt in der globalisierten und individualisierten Gesellschaft" berücksichtigt und „zu einer wertschätzenden und respektvollen Lernatmosphäre" (BMBWF, 2017) beitragen möchte.

Offener Kulturbegriff und Mehrfachzugehörigkeiten

Propagiert wird dabei ein *offener Kulturbegriff*, der davon ausgeht, dass Kulturen nicht starr sind, sondern sich wandeln, und dass unsere Identität durch mehrere Kulturen geprägt wird (BMBWF, 2017). Auch die Grenzen und der Vergleich von Kulturen werden damit kritisch hinterfragt, weshalb auch der Begriff der Transkulturalität jenem der Interkulturalität vermehrt vorgezogen wird. Mit *Mehrfachzugehörigkeiten* ist in diesem Zusammenhang die Tatsache gemeint, dass Personen sich unterschiedlichen Gruppen zugehörig fühlen. Während soziale Mehrfachzugehörigkeiten (z. B. in Vereinen, Altersgruppen etc.) in modernen Gesellschaften legitimiert werden, wird dies hinsichtlich natio-kultureller Zugehörigkeiten oftmals noch nicht toleriert (Mecheril, 2001, S. 44). Hier wird häufig nach wie vor Exklusivität gefordert, was aber der Identität und Lebensrealität vieler Schüler*innen in Migrationsgesellschaften nicht gerecht wird.

Othering erkennen und vermeiden, Wertschätzung etablieren

Die *Anerkennung* von Mehrfachzugehörigkeiten sowie die Wertschätzung kultureller Vielfalt stellen somit Kernprinzipien der interkulturellen Bildung dar (BMBWF, 2017). Mit Blick auf das pädagogische Handeln ist neben einer wertschätzenden Grundhaltung aber auch das Erkennen und Vermeiden von Zuschreibungen, Othering und Diskriminierung zentral. *Othering* meint dabei eine gewaltvolle Praxis, in der durch Zuschreibungen („Die anderen sind…, wir sind…") ein „Nicht-Wir" konstruiert wird, damit zugleich ein ausgrenzendes „Wir" geschaffen wird (Mecheril et al., 2016, S. 42; siehe dazu Julia Webers Antwort auf Aminas Vorschlag, wie man ein Verkaufsgespräch beginnen kann) und Mehrfachzugehörigkeiten abgesprochen werden.

Wichtige Erkenntnis für den Unterricht

Toleranz und Wertschätzung kultureller Vielfalt gegenüber sind zentrale Prinzipien einer interkulturellen Bildung. Kultur wird dabei als veränderbar verstanden, Mehrfachzugehörigkeiten werden zugelassen. Lehrpersonen entwickeln zudem eine reflexive Grundhaltung, um Praktiken des Otherings und Diskriminierung zu erkennen und diesen entgegenwirken zu können.

Praxisbeispiel: Individuell lernen, gemeinsam wachsen. Differenzierung durch die Verbindung von Stationenbetrieb und Gruppenpuzzle

Thema: *Zukunft der Arbeitswelt und Anforderungen an Berufe*

*1. Phase: Expert*innengruppen in Lernstationen (vgl. Abbildung 5.4)*

Abbildung 5.4: Expert*innengruppen in Stationen (eigene Darstellung)

> Sollen sich die Lernenden auch das Thema aussuchen dürfen, werden in allen Stationen alle Methoden zur Verfügung gestellt. Mithilfe digitaler Tools und KI ist das einfach zu bewerkstelligen. Die Lernenden können sich demnach die Themen und/oder die Methoden aussuchen.

Nachdem sich die Schüler*innen in den von ihnen gewählten Stationen die neuen Lerninhalte angeeignet haben und nun Expert*innen für ihre Themen sind, wechseln sie in Arbeitsgruppen, wo das Gelernte angewendet wird. Die Arbeitsgruppen setzen sich aus je einer Expertin*einem Experten zu jedem Thema zusammen. Jedes Teilwissen ist für die Bearbeitung der Aufgabenstellung notwendig und alle Schüler*innen müssen ihr Wissen einbringen.

2. Phase: Peerlearning – Anwendung & kreatives Produkt (vgl. Abbildung 5.5)

Die Schüler*innen mischen sich zu neuen Arbeitsgruppen, in denen sich Expert*innen zu jedem Teilthema befinden, wie Puzzleteile, die anders zusammengesetzt werden. Sie erklären sich gegenseitig die Inhalte und nutzen ihr Wissen, um eine gemeinsame Aufgabe zu bearbeiten und ein Produkt zu erstellen.

⌛ Dauer: ca. 50 Minuten

Abbildung 5.5: Arbeitsgruppen (eigene Darstellung)

Auf Phase 2 folgt Phase 3, in der die Schüler*innen ihre Ergebnisse vorstellen.

3. Phase: Präsentation & Reflexion

Dauer: ca. 20 Minuten
Vorstellung der Gruppenprodukte und gemeinsame Reflexion:

- Welche Berufe sind in Zukunft besonders gefragt?
- Welche Fähigkeiten sind entscheidend?
- Welche Methode hat mir am meisten geholfen?

Folgende Aspekte werden in diesem Beispiel berücksichtigt:

- Vorwissen, Potenziale und Ressourcen der Lernenden werden genutzt
- Interessen (wenn Möglichkeit der Themenwahl besteht)
- Passende Methoden / Lernstrategien und Lernstile für die Lernenden
- Kooperatives Lernen
- Deep Learning (Intensive Auseinandersetzung mit den Inhalten)
- Sinnstiftendes Lernen

Wichtige Bedürfnisse nach …

- Kompetenzerleben (Lernende erfahren sich als Expert*innen)
- Autonomie (Die Lernenden entscheiden selbst Inhalt und Methode)
- Sozialer Eingebundenheit (Alle können teilhaben)

… werden erfüllt, was die Motivation der Lernenden freisetzt (Deci & Ryan, 2008).
Gefördert werden:

- Präsentationskompetenz und Auftreten
- Reflexionskompetenz
- Diskurs- und Argumentationsfähigkeit
- Digitale Kompetenzen

Zusammenfassung

Nachdem die Grundlagen zum Umgang mit Vielfalt behandelt wurden, zeigt Fallbeispiel 5.2, wie Julia Weber ihren Unterricht überarbeitet hat. Dabei wird deutlich, welche Veränderungen dazu beitragen, den Unterricht besser an die Lernvoraussetzungen und Bedürfnisse der Schüler*innen anzupassen.

Fallbeispiel 5.2: Julia Weber – Wie sie durch Reflexion und didaktische Anpassung ihren Unterricht weiterentwickelt hat

Julia Weber betritt das Klassenzimmer einer ersten Klasse der Handelsschule. Sie beginnt die Stunde mit einer Frage: „Was bedeutet gute Kundenkommunikation?" Farid antwortet zögerlich, dass man nett sprechen sollte, und Jonas ergänzt, dass Vertrauen wichtig ist. Amina bringt ein, dass sie zunächst nach dem Wohlbefinden fragen würde. Frau Weber lobt alle Beiträge und notiert sie an der Tafel, um die Vielfalt der Ansätze sichtbar zu machen. Anschließend verteilt sie differenzierte Arbeitsblätter: vereinfachte Texte für Schüler*innen wie Farid und Lisa, die mit sprachlichen oder lesetechnischen Herausforderungen kämpfen, und anspruchsvollere Versionen für geübtere Leser*innen. Als Farid bei einem Begriff unsicher ist, erklärt Frau Weber ihm geduldig die Bedeutung und zeigt ein Beispiel im Text. Für die nächste Aufgabe bereiten die Schüler*innen in Gruppen ein Rollenspiel vor. Die Lehrerin unterstützt aktiv, gibt Kevin, der eine Hörbeeinträchtigung hat, eine schriftliche Anleitung und hilft Farid bei der Formulierung seiner Sätze. Während des Rollenspiels lobt sie Farid für seinen Fortschritt und gibt ihm Zeit, sich zu verbessern. Auch Lisa wird ermutigt, ihre Ideen einzubringen. Zum Abschluss fragt Julia Weber, was die Schüler*innen gelernt haben. Amina fasst zusammen, dass Kundenkommunikation nicht nur Effizienz, sondern auch Empathie und Verständnis erfordert. Frau Weber wiederholt dieses Fazit noch einmal bestätigend. Die Schüler*innen verlassen die Stunde motiviert und mit dem Gefühl, wertgeschätzt worden zu sein.

Tipps: Individuelle Lernvoraussetzungen berücksichtigen

Berücksichtigen Sie die individuellen Lernvoraussetzungen der Schüler*innen durch differenzierte Materialien und Methoden. Fördern Sie eine wertschätzende Lernatmosphäre und reflektieren und hinterfragen Sie Ihre Erwartungshaltungen und Zuschreibungen.

Reflexionsfragen

1. Wie hätten Sie Julia Webers Unterricht anders gestaltet? Überlegen Sie mindestens drei konkrete Veränderungen.
2. Haben Sie schon einmal in einer Lernsituation erlebt, dass der Lerninhalt nicht verstanden wurde? Warum war das so?
3. Denken Sie an eine Lernsituation, in der Sie selbst etwas Schwieriges lernen mussten. Welche Methoden und Materialien haben Ihnen geholfen? Wie könnten Sie das auf Ihren Unterricht übertragen?
4. Wie könnten Sie Differenzierungsansätze sinnvoll in Ihren Unterricht integrieren, um möglichst viele Schüler*innen beim Lernen zu unterstützen?

Literaturtipps

Wertvolle Impulse für die Gestaltung einer mehrsprachigkeitsfreundlichen Bildungspraxis liefert

1. Gogolin, I., Hansen, A., McMonagle, S. & Rauch, D. (Hrsg.) (2020). *Handbuch Mehrsprachigkeit und Bildung.* Springer.

Grundlegende Konzepte und praxisorientierte Ansätze für die Gestaltung eines inklusiven Unterrichts und einer Schule, die Vielfalt als Chance versteht und fördert, vermittelt

2. Reich, K. (2014). *Inklusive Didaktik: Bausteine für eine inklusive Schule.* Beltz.

Wie Zuschreibungen im schulischen Kontext entstehen und welche Auswirkungen sie auf Bildungschancen, Lernverhalten und pädagogisches Handeln haben, untersucht

3. Schwarz, J. F. (2018). *Zuschreibung als wirkmächtiges Phänomen in der Schule.* Studienverlag.

Literatur

Albert, S. (2022). *Wie das Menschenbild die Unterrichtspraxis beeinflusst. Empirisch-rekonstruktive Studie zu Respekt aus Schülersicht.* wbv Publikation. https://www.wbv.de/artikel/I71305

Beese, M., Benholz, C., Chlosta, C., Gürsoy, E., Hinrichs, B., Niederhaus, C. & Oleschko, S. (2014). *DLL 16: Sprachbildung in allen Fächern.* Ernst Klett Sprachen.

Bieling, T. (2019). *Inklusion als Entwurf. Teilhabeorientierte Forschung über, für und durch Design.* Birkhäuser Verlag GmbH.

Biewer, G., Proyer, M. & Kremsner, G. (2019). *Inklusive Schule und Vielfalt.* W. Kohlhammer GmbH.

BMBWF (2017). *Grundsatzerlass Interkulturelle Bildung.* https://rundschreiben.bmbwf.gv.at/rundschreiben/?id=770

BMBWF (o. J.). *Mehrsprachigkeit – Erstsprachenunterricht – Interkulturelle Bildung.* https://www.bmbwf.gv.at/Themen/schule/schulpraxis/ba/sprabi/msmuib.html

Bohl, T., Batzel, A. & Richey, P. (2011). Öffnung – Differenzierung – Individualisierung – Adaptivität. Charakteristika, didaktische Implikationen und Forschungsbefunde verwandter Unterrichtskonzepte zum Umgang mit Heterogenität. In *Schulpädagogik heute, 2*(4), 40–69.

CAST (2018). *Universal Design for Learning Guidelines version 2.2.* http://udlguidelines.cast.org.

Deci, E. L. & Ryan, R. M. (2008). Self-determination theory: A macrotheory of human motivation, development, and health. *Canadian <psychology / Psychologie canadienne, 49*(3), 182–185.

Dubs, R. (2009). *Lehrerverhalten. Ein Beitrag zur Interaktion von Lehrenden und Lernenden im Unterricht.* Franz Steiner.

Gantefort, C. (2020). Nutzung von Mehrsprachigkeit in jedem Unterricht: Das Beispiel „Translanguaging". In I. Gogolin, A., Hansen, S. McMonagle & D. Rauch (Hrsg.), *Handbuch Mehrsprachigkeit und Bildung* (S. 201–206). Springer.

García, O., Johnson, S. I. & Seltzer, K. (2017). *The translanguaging classroom. Leveraging student bilingualism for learning.* Caslon.

Gibbons, P. (2014). *Scaffolding language, scaffolding learning. Teaching English language learners in the mainstream classroom* (2. Aufl.). Heinemann.

Gogolin, I. (2019). *Durchgängige Sprachbildung.* https://epub.ub.uni-muenchen.de/62290/1/Gogolin_Durchgaengige_Sprachbildung_Stand%208.7.19.pdf

Haider, B. (2010). Mehrsprachigkeit. In H. Barkowski & H.-J. Krumm (Hrsg.), *Fachlexikon Deutsch als Fremd- und Zweitsprache* (S. 207–208). Narr Francke Attempto.

Krumm, H.-J. & Reich, H. H. (2011). *Curriculum Mehrsprachigkeit.* https://bimm.at/wp-content/uploads/2024/05/curriculummehrsprachigkeit2011.pdf

Lipowsky, F. & Lotz, M. (2015). Ist Individualisierung der Königsweg zum erfolgreichen Lernen? Eine Auseinandersetzung mit Theorien, Konzepten und empirischen Befunden. In G. Mehlhorn, K. Schöppe & F. Schulz (Hrsg.) *Begabungen entwickeln & Kreativität fördern* (S. 155–219). kopaed.

Mecheril, P. (2001). Pädagogiken natio-kultureller Mehrfachzugehörigkeit. Vom „Kulturkonflikt" zur „Hybridität". *Diskurs, 10*(2), 41–48.

Mecheril, P., Castro Varela, M. d. M., Dirim, İ., Kalpaka, A. & Melter, C. (2016). *Migrationspädagogik.* Beltz.

Meyer, A., Rose, D. H. & Gordon, D. (2014). *Universal Design for Learning: Theory and Practice.* CAST.

Morek, M. & Heller, V. (2012). Bildungssprache – kommunikative, epistemische, soziale und interaktive Aspekte ihres Gebrauchs. *Zeitschrift für angewandte Linguistik, 57*(1), 67–101.

Neuweg, G. H. (2020). Implizites Wissen in der Lehrerinnen- und Lehrerbildung. In C. Cramer, J. König, M. Rothland & S. Blömeke (Hrsg.), *Handbuch Lehrerinnen und Lehrerbildung* (S. 764–769). Julius Klinkhardt.

Oomen, Welke, I. (2020). Mehrsprachigkeit im Deutschunterricht. In I. Gogolin, A., Hansen, S. McMonagle & D. Rauch (Hrsg.), *Handbuch Mehrsprachigkeit und Bildung* (S. 181–188). Springer.

ÖSZ (o. J.). *Schule mehrsprachig.* https://www.schule-mehrsprachig.at

Prengel, A. (2019). *Pädagogik der Vielfalt: Verschiedenheit und Gleichberechtigung in Interkultureller, Feministischer und Integrativer Pädagogik* (4. Aufl.). Springer VS.

ÖSZ (o. J.). *Sprachsensibler Unterricht.* https://www.oesz.at/themen/deutsch-als-bildungs-und-zweitsprache/sprachsensibler-unterricht/

Rose, D. H. & Meyer, A. (2002). *Teaching every student in the digital age: Universal design for learning.* Association for Supervision and Curriculum Development.

Sitte, W. & Wohlschlägl, H. (Hrsg.) (2001). *Beiträge zur Didaktik des „Geographie und Wirtschaftskunde"-Unterrichts.* Materialien zur Didaktik der Geographie und Wirtschaftskunde, Bd. 16.

UNESCO. (1994). *Die Salamanca Erklärung und der Aktionsrahmen zur Pädagogik für besondere Bedürfnisse.* Salamanca, Spanien.

Wahl, D. (2000). Das große und das kleine Sandwich: Ein theoretisch wie empirisch begründetes Konzept von Veränderung handlungsleitender Kognitionen. In C. Dalbert & E. Brunner (Hrsg.), *Handlungsleitende Kognitionen in der pädagogischen Praxis* (S. 155–168). Schneider Verlag Hohengehren

Walgenbach, K. (2017). *Heterogenität – Intersektionalität – Diversity in der Erziehungswissenschaft.* Barbara Budrich.

Weinert, F. E. (1997). Notwendige Methodenvielfalt: Unterschiedliche Lernfähigkeiten erfordern variable Unterrichtsmethoden. *Friedrich Jahresheft,* 15, 50–52.

Westphal, A., Gronostaj, A., Vock, M., Emmrich, R. & Harych, P. (2016). Differenzierung im gymnasialen Mathematik- und Deutschunterricht – vor allem bei guten Diagnostiker*innen und in heterogenen Klassen? *Zeitschrift für Pädagogik, 62*(1), 131–158.

Wildemann, A. & Fornol, S. (2016). *Sprachsensibel unterrichten in der Grundschule. Anregungen für den Deutsch-, Mathematik- und Sachunterricht.* Kallmeyer in Verbindung mit Klett.

6 Professionalisierung

Petra Rachlinger, Gabriela Hofbauer, Petra Pahr-Gold

Schlagworte

Professionalisierung, Selbstreflexion, Feedback, Austausch, Mentoring, Coaching

Orientierung

Das Kapitel „Professionalisierung“ befasst sich mit der persönlichen sowie beruflichen Weiterentwicklung von Lehrkräften durch Selbstreflexion, Feedback, Mentoring und Coaching. Anhand eines Fallbeispiels wird verdeutlicht, wann und wie diese Methoden sinnvoll eingesetzt werden können und welche Vorteile sie bieten. Dabei wird aufgezeigt, wie die eigene Unterrichtspraxis kritisch reflektiert und wie verborgene Handlungen – etwa Denkprozesse, Bewertungen oder unterrichtsleitende Annahmen – sowie zugrunde liegende Haltungen sichtbar gemacht und analysiert werden können. Die beschriebenen Herangehensweisen und die dabei entstehenden Stolpersteine zeigen, dass die Herausforderungen meisterbar sind und einer Verbesserung der Lehrtätigkeit durch fortlaufende und systematische Reflexion nichts im Wege steht.

Fallbeispiel 6.1 – Max Lehman zwischen Selbst- und Fremdwahrnehmung

Die Tafel war vollgeschrieben. Zufrieden lehnte sich Max Lehmann, im ersten Dienstjahr, zurück. Er hatte den Schüler*innen gerade die Grundlagen in zwei klaren Schritten erklärt: zuerst die Theorie im Frontalunterricht, dann ein praktisches Beispiel an der Tafel. „So, jetzt seid ihr an der Reihe“, sagte er und verteilte Arbeitsblätter mit kniffligen Aufgaben. „Versucht, das Gelernte anzuwenden. Ich bin da, wenn ihr Fragen habt.“ Die Schüler*innen schienen konzentriert und engagiert. Herr Lehmann beobachtete zufrieden ihre Selbstständigkeit und war stolz, sein Ziel erreicht zu haben: Den Stoff verständlich zu vermitteln und die Anwendung zu fördern. Seine Planung war aufgegangen. Als die Stunde endete, packten die Schüler*innen rasch zusammen. „Gute Arbeit heute“, rief Max Lehmann ihnen nach, „ich denke, ihr habt das Prinzip verstanden.“ Zufrieden verließ er das Klassenzimmer. Doch dann hörte er hinter sich eine Stimme: „Mann, war das eine mühsame Stunde.“ Max Lehmann blieb stehen. Was war schiefgelaufen? Die Schüler*innen hatten doch konzentriert gearbeitet, oder? Hatte er etwas übersehen? Er hatte die Klasse erst kürzlich von einem pensionierten Kollegen übernommen. Vermissten sie ihren alten Lehrer so sehr? Oder hielten sie ihn für inkompetent? Diese Fragen nagten an ihm. Max Lehmann spürte, wie der Stolz und die Zufriedenheit von vorhin in Unsicherheit und Selbstzweifel umschlugen.

Was kann man in dieser Szene beobachten?

Max Lehmann, ein Berufsanfänger, sieht sich mit dem Unterschied zwischen seiner Unterrichtseinschätzung und dem Feedback einer Schülerin konfrontiert. Trotz seiner Unterrichtsgestaltung und der von ihm wahrgenommenen konzentrierten Mitarbeit der Klasse wird er durch die negative Äußerung der Schülerin in seinem Verständnis verunsichert. Diese wirft Fragen nach seiner Wahrnehmung und der Wirksamkeit seiner Methoden auf.

Max Lehmann steht vor einer typischen Herausforderung für Lehrkräfte. Diese Situation bietet ihm aber die Möglichkeit, durch die Betrachtung dieser Situation seine eigene Rolle als Lehrkraft sowie die Qualität seines Unterrichts zu verbessern, anstatt seine bisherige Praxis gedankenlos fortzusetzen.

Leitfragen

1. Welche Bedeutung hat die Selbstreflexion für Max Lehmann und seinen Unterricht?
2. Wie kann er eine Selbstreflexion starten und effektiv gestalten?
3. Welche Rolle können Feedback und Austausch im Reflexionsprozess von ihm spielen?
4. Wie können ihm Mentoring und Coaching bei seiner Selbstreflexion weiterhelfen?
5. Welche Herausforderungen und Stolpersteine erwarten ihn bei der Durchführung eines Reflexionsprozesses mit Mentoring und Feedback?
6. Wie kann er sich die praktische Umsetzung eines Reflexionszyklus und die Einbindung von Mentoring und Feedback vorstellen?

Von der Analyse von Max Lehmanns Unterricht ausgehend, wenden wir uns der ersten der sechs Leitfragen dieses Kapitels zu.

6.1 Welche Bedeutung hat die Selbstreflexion für Max Lehmann und seinen Unterricht?

Max Lehmann (seufzt): Eigentlich bin ich nach meiner ersten Stunde mit einem sehr guten Gefühl rausgegangen, aber dann habe ich von einer Schülerin gehört, dass es eine mühsame Stunde war!

Klara Schmidt, Max' Tischnachbarin im Konferenzzimmer: Das kann am Anfang schon mal passieren. Das Unterrichten und die Kommunikation mit den Schüler*innen ist eine Kunst für sich.
Max: Ich weiß nicht! Ich dachte eigentlich, dass alles passt. Jetzt fühle ich mich unsicher. Was soll ich jetzt machen?
Klara: Jeder fängt mal so an. Aber bevor du Trübsal bläst, versuche, deinen Unterricht bewusst zu beobachten. Nimm dir nach jeder Stunde ein paar Minuten Zeit, um darüber nachzudenken, wer wann wie reagiert hat und warum das so war. Je mehr du deinen Unterricht beobachtest und analysierst, desto besser wirst du wissen, woran es liegt und was du anders machen kannst.
Max: Danke, Klara. Das werde ich ausprobieren...

In diesem kollegialen Gespräch weist Klara Schmidt Max Lehmann auf einen wichtigen Umstand seiner Ausgangssituation hin, nämlich darauf, dass er sich selbst helfen kann, indem er sich und seine Situation beobachtet. Durch eine genaue Analyse kann er die Ursachen erkennen und so selbst Ansatzpunkte für eine Verbesserung finden. Sie empfiehlt dem unerfahrenen Kollegen die Methode der Selbstreflexion.

Definition

Selbstreflexion ist ein Prozess, in dem eine Person über ihr eigenes Denken, Handeln und Fühlen nachdenkt. Handlungen, Gedanken und Gefühle, die während und nach einer Situation auftreten, werden gezielt beobachtet. Die bewusste Erinnerung daran wird aus dem Gedächtnis rekonstruiert, das Verhalten von allen Beteiligten wird analysiert und aus verschiedenen Blickwinkeln durchdacht. Im Fokus stehen nicht nur die beobachteten Aktionen und Reaktionen, sondern auch die Gedanken und Gefühle, die uns währenddessen und danach beeinflussen. Dadurch können wir besser verstehen lernen, wie wir unser Verhalten selbst wahrnehmen und wie wir glauben, dass andere unser Verhalten aufnehmen. Ziel dieses genauen Blicks auf das Geschehen ist das Finden von Ursachen und Begründungen für Verhaltensweisen, die uns bei der Bildung von Handlungsalternativen oder beim Bestätigen von guten Abläufen weiterhelfen können. Die Selbstreflexion bietet die Möglichkeit, kritische Handlungsabläufe und Haltungen zu erkennen, zu analysieren, zu bewerten und auf dieser Grundlage passende Lösungen zu entwickeln (Tisdale, 1998).

Kernaussage

Die Selbstreflexion versteht sich als individueller Prozess, das eigene Verhalten und dessen (Aus-)Wirkung systematisch zu beleuchten, zu hinterfragen und neue Verhaltensstrategien zu entwickeln. Dieser kontinuierliche Verbesserungsprozess zielt auf die Professionalisierung der eigenen Unterrichtspraxis und der eigenen Person ab.

Wichtige Erkenntnis für den Unterricht

Bei der Selbstreflexion spielt man selbst die Hauptrolle. Im Mittelpunkt steht das Nachdenken über Situationen in Bezug auf sich selbst. Das Selbst setzt sich aus zwei Elementen zusammen: der Beobachtung und Verarbeitung durch die Person mit ihren biografischen Einflüssen sowie der positiven und negativen Reaktion und Wahrnehmung bzw. Bewertung durch Außenstehende. Das Selbstkonzept ist alles, was man über sich selbst denkt. Fremdzuschreibungen von Außenstehenden können unser Selbstkonzept aber ebenfalls prägen (Mummendey, 2006). Für die eigene Rolle als Lehrperson lässt sich davon ableiten, dass eine bewusste Selbstreflexion sowie ein sensibler Umgang mit eigenen Zuschreibungen gegenüber Schüler*innen entscheidend dafür sind, deren Selbstkonzept und Lernentwicklung positiv zu beeinflussen.

Tiefgreifende Reflexion wird insbesondere durch bestimmte Rahmenbedingungen gefördert. So zeigt Dweck (2007), dass Menschen mit einer dynamischen Denkweise – im Gegensatz zu solchen mit einer statischen, unveränderlichen Sicht auf das Selbst – an dessen Veränderbarkeit glauben und bereit sind, Entwicklung zuzulassen. Sie bringen zentrale Aspekte der Reflexionsfähigkeit mit, die eine tiefgehende Auseinandersetzung mit dem eigenen Denken und Handeln ermöglichen:

1. *Bewusste Beobachtung zuvor festgelegter Schwerpunkte:* Denken beruht auf der Verarbeitung von Wahrnehmungen, insbesondere von visuellen und akustischen Reizen. Aufgrund der Reizfülle und der bewussten sowie unbewussten Selektion durch unser Gehirn werden manche Informationen nicht vollständig ins Gehirn bzw. ins Bewusstsein aufgenommen (Anderson, 2007). Deshalb ist achtsames Beobachten, also die bewusste Konzentration auf ausgewählte Schwerpunkte des Unterrichtsgeschehens, förderlich.
2. *Entspannte Unterrichtsbedingungen und eine ausgeglichene Lehrkraft:* Bewusste Denkprozesse erfordern einen hohen Energieaufwand und können in Stresssituationen beeinträchtigt werden, wodurch Erinnerungen an Ereignisse häufig rekonstruiert und zu eigenen Gunsten verzerrt werden. Dies

verändert die tatsächliche Erinnerung an das Geschehene, und die daraus gezogenen Schlüsse (Anderson, 2007). Ruhige Unterrichtssituationen und mentale Ausgeglichenheit ermöglichen eine unverfälschte Reflexion.

3. *Ein unterstützendes emotionales und soziales Umfeld:* Denken und Fühlen sind eng miteinander verknüpft und beeinflussen sich gegenseitig. Emotionale Faktoren, insbesondere soziale Aspekte, spielen eine wichtige Rolle bei der Selbstreflexion (LIA, 2018). Ein Umfeld, das Offenheit, Vertrauen und konstruktives Feedback ermöglicht, kann tiefgreifende Reflexion unterstützen.
4. *Bewusster und konkreter Gebrauch der Sprache:* Sprache gibt uns die Möglichkeit, Beobachtungen in Worte zu fassen und Gedanken und Gefühle auszudrücken. Es ist also wichtig, die eigene Sprachkompetenz zu nutzen und zu erweitern (Felder, 2003). Es ist hilfreich, bei Bedarf auf Wörterbücher und andere Hilfsmittel zurückzugreifen.
5. *Reflektieren mit Sinn und Ziel:* Eigene Interessen und Motivation bestimmen den Reflexionswillen (Schynkar, 2022). Innere Anstöße entstehen durch das Setzen eigener Ziele, während äußere Impulse durch Ideen von außen Sinn und Ziele aufzeigen können.

Tipp: Reflexionsförderung durch zeitnahe Dokumentation und klare Zielsetzung

Eine zeitnahe Protokollierung der Beobachtungen hilft, unverfälschte Eindrücke zu gewinnen und eigene Beobachtungen von Interpretationen und Fremdeinflüssen abzugrenzen. Zudem motivieren klare Zielvorgaben und die Aussicht, interessante Erkenntnisse zu gewinnen.

6.2 Wie kann Max Lehmann eine Selbstreflexion starten und effektiv gestalten?

Max: Irgendwie läuft der Unterricht, aber ich wüsste gar nicht, worüber ich reflektieren sollte, ein richtiges Problem sehe ich nicht.
Klara: Genau das ist ein guter Ausgangspunkt. Auch ohne offensichtliches Problem kannst du einzelne Aspekte gezielt betrachten, um wirksame Elemente zu erkennen oder Verbesserungen anzustoßen.

Gerade wenn kein offensichtliches Problem für Max Lehmann vorliegt, können einzelne Aspekte des Unterrichts als Reflexionsschwerpunkte gesetzt werden. Denn Professionalisierung bedeutet nicht nur, Verbesserungspotenziale aufzudecken, sondern auch wirksame Unterrichtselemente zu erkennen und beizubehalten. Der Anstoß, über etwas nachzudenken, basiert auf der Bestimmung eines Ausgangspunktes oder eines Problems, für das eine Optimierung oder Bestätigung gefunden werden soll. Dieser Impuls ergibt sich oft aus einem bestimmten Anlass, aus Neugier, Interesse oder einem inneren Bedürfnis, sich mit der vorgefundenen Situation auseinanderzusetzen. Er kann aber auch das Ergebnis eines von außen initiierten Feedbacks oder einer Evaluation sein. Um sich dabei nicht in den eigenen Gedanken zu verlieren, kann die Reflexion systematisch angegangen werden. Es gibt verschiedene vorgegebene Abfolgen und Strukturen, Fragen und Konstellationen, die genutzt werden können. Sie dienen als Gerüst, um den selbst gesetzten Fokus und das Ziel der Reflexion nicht aus den Augen zu verlieren.

Wie lässt sich ein effektiver Einstieg in die Selbstreflexion gestalten?

Das ALACT-Modell von Korthagen und Nuijten (2022) ist eines der strukturierten Reflexionsmodelle. Es dient dazu, Reflexionsprozesse systematisch und zielgerichtet zu gestalten und kann als Leitfaden genutzt werden:

1. *Handlung:* Die erste Phase beginnt mit der bewussten Beobachtung der eigenen Aktion und der darauffolgenden Reaktion. Die Herausforderung liegt in der Unterrichtssituation, in der der Fokus primär auf dem Unterrichten und der Zielerreichung liegt, und nicht per se auf der Beobachtung dieser Situation. Deshalb wird ein Beobachtungsschwerpunkt definiert, der eingrenzt, was und warum etwas beobachtet werden soll. Die aktive Bewusstmachung des aktuellen Geschehens (verbale und nonverbale Re-Aktion) in Bezug auf diesen Schwerpunkt vereinfacht diese Herausforderung.
2. *Rückblick:* Der Rückblick dient der Erinnerung, der Rekonstruktion und Dokumentation der beobachteten Daten. Die Informationssammlung wird dann aus verschiedenen Blickwinkeln betrachtet (zum Beispiel aus der Sicht der Lehrperson oder der*des Lernenden). Dies beinhaltet die Beschreibung der Aktionen und Reaktionen aller Beteiligten in Bezug auf Interaktion (Mimik, Gestik, Körperhaltung) und Kommunikation (Sprache).
3. *Bewusstmachung der relativierten Aspekte:* Die nächste Phase besteht aus der Analyse von Aktionen, Reaktionen und deren Auswirkungen. Mögliche Ursachen aller Beteiligten werden identifiziert. Wichtige Fragen sind: Wer? Was? Warum? Dabei soll eine Vielzahl möglicher Ursachen in Betracht gezogen werden, hier zählt die Quantität, ohne sich vorher schon inhaltlich zu beschränken. Diese Ursachen müssen nicht unbedingt der Realität entsprechen. Diese Art der Bearbeitung ermöglicht die Entwicklung von vielfältigen Lösungsansätzen, da man sich durch die Vielzahl an möglichen Ursachen nicht auf vorschnelle, gewohnte Einschätzungen beschränkt.

4. *Alternative Handlungsmöglichkeiten generieren und wählen:* In dieser Phase werden positive Handlungsverläufe bestätigt oder alternative Handlungsmöglichkeiten überlegt. Bereits vorhandenes Wissen kann genutzt und durch neues Wissen aus der Literatur, Wissenschaftstheorie oder durch Beratung anderer Personen ergänzt werden, um Vor- und Nachteile der Handlungsalternative und dessen Erfolg abzuwägen.
5. *Erprobung der neuen Handlungsmöglichkeit:* Anschließend wird die gewählte Handlungsalternative getestet oder funktionierende Handlungsstrategien werden weiter eingesetzt.

Wichtige Erkenntnis für den Unterricht

Es ist wichtig, sich von gewohnten Einstellungen zu sich selbst und zu anderen zu lösen. Die reflektierende Person sollte sich bewusst sein, dass es nicht immer die eine, ultimative Lösung gibt, sondern dass es darum geht, durch Ausprobieren die jeweils bestmögliche Option zu finden. Dabei wird man allenfalls in seinem Tun bestätigt oder kann sich und den Unterricht mit alternativen Ideen bereichern.

Wie können Erkenntnisse aus Beobachtungen gewonnen werden?

Die Bedeutung der Beobachtung als Grundlage der Reflexion liegt auf der Hand. Daher gibt es zahlreiche Methoden und Instrumente, die zur Beobachtung des eigenen Unterrichts eingesetzt werden können, wie z. B. *Abbildung 6.1* zeigt.

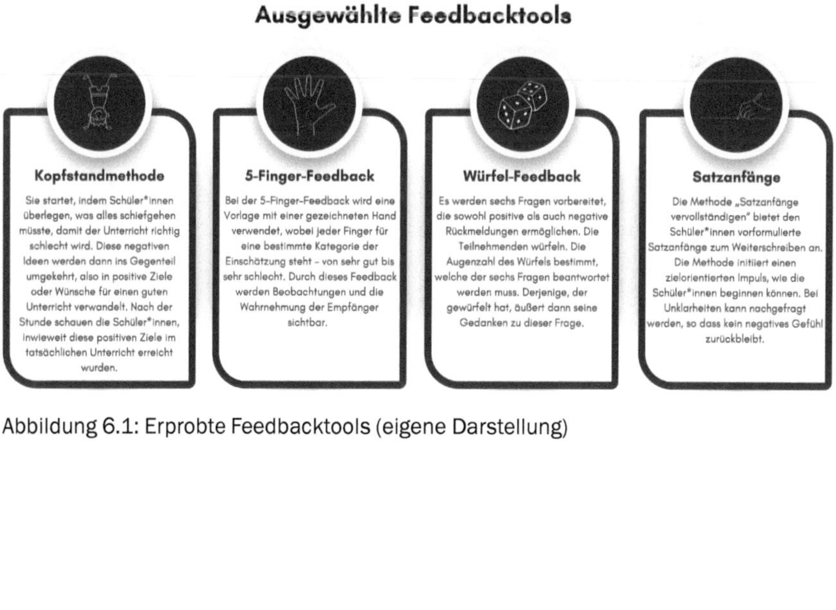

Abbildung 6.1: Erprobte Feedbacktools (eigene Darstellung)

Praktische Umsetzung

In der letzten Unterrichtseinheit setzte Max Lehmann eine neue Unterrichtsmethode ein und beobachtete mithilfe kurzer Videoaufnahmen, die er mit seinem Mobiltelefon machte, dass das Engagement der Schüler*innen unterschiedlich war und aktivere Gruppen bessere Ergebnisse zeigten. Aufgrund dieser Beobachtung erkannte Max, dass die Gruppenzusammensetzung und die individuelle Reaktion auf die Schwierigkeit der Aufgaben eine Rolle spielten. Er reflektierte auch sein eigenes Verhalten. Um die Situation zu verbessern, plant Max Lehmann, die Gruppen neu zu mischen, die Aufgaben klarer zu machen und die Gruppenarbeit besser zu begleiten. Danach wird er wieder beobachten, wie sich das auf das Engagement und die Ergebnisse der Schüler*innen auswirkt.

Tipp: Reflexionsportfolio als Alternative, wenn Videoaufnahmen nicht möglich sind

Zur Dokumentation des Planungs-, Durchführungs- und Reflexionsprozesses inklusive Schülerfeedback, Unterrichtsskizzen, Notizen und Selbsteinschätzungen eignen sich *Reflexionsportfolios* besonders gut.

6.3 Welche Rolle können Feedback und Austausch im Reflexionsprozess von Max Lehmann spielen?

Max: Ich muss dir unbedingt etwas erzählen, ich habe etwas Neues im Unterricht ausprobiert, es ist gut gelaufen, ich habe viel darüber nachgedacht und denke, es hat gut funktioniert. Allerdings würde ich gern wissen, was die Schüler*innen davon gehalten haben.
Klara: Du kannst dir ja gezielt Feedback von ihnen einholen. Frag' einfach, was ihnen gefallen hat und was sie sich anders wünschen, dann weißt du es ganz genau.
Max: Hm, könnte ich einmal versuchen, da kommt aber sicher nur Negatives.
Klara: Gut gestaltets Feedback ist ja gar nicht negativ! Und stärkt die Beziehung zu den Schüler*innen... Hast du dich auch schon mit deiner Fachgruppe ausgetauscht? Jeder hat ja andere Erfahrungen, die dir weiterhelfen können.
Max: Ja, da bin ich dran.

Klara Schmidt und Max Lehmann unterhalten sich hier zum Thema Feedback. Was ist darunter genau zu verstehen?

Definition

Feedback ist die systematische Rückmeldung durch Außenstehende wie Kolleg*innen, Schüler*innen oder Vorgesetzte. Ziel ist es, den Unterschied zwischen Wunsch und Wirklichkeit aufzuzeigen. Das Zuhören und Einbeziehen anderer Perspektiven ermöglicht neue Einsichten und stößt Veränderungen an. In einer Entwicklungssituation hat Feedback beratenden Charakter und basiert auf einem gemeinsamen Verständnis. Ein Feedbackgespräch beinhaltet daher keine Bewertungen, Interpretationen oder Deutungen. Der Austausch geht über das bloße Feedback hinaus. Im direkten Dialog kann besser nachgehakt werden, wie bestimmte Verhaltensweisen und Eigenschaften von anderen wahrgenommen werden (Bastian, Combe & Langer, 2010).

Wichtige Erkenntnis für den Unterricht

Um konstruktives Feedback zu bekommen, bieten sich zahlreiche unterschiedliche Möglichkeiten. In *Abbildung 6.2* findet sich eine Auswahl von Thömmes (2016) und Bastian et al. (2007).

BEOBACHTEN MIT METHODE

DIREKTE BEOBACHTUNG

In der Aktionsforschung nach Altrichter werden systematisch Daten gesammelt. Sofortige Memos und Notizen, die während und unmittelbar nach der Unterrichtseinheit verfasst werden, schützen vor nachträglicher Verzerrung und Interpretation.

VIDEOS

In der Videoarbeit wird die eigene Praxis gefilmt. Der Vorteil liegt darin, sich selbst von außen zu betrachten und das Material mehrfach zu sichten, wodurch subjektive Aussortierung, Interpretation und Rekonstruktionsfehler reduziert werden.

REFLEXIONSBÖGEN PORTFOLIOS

Beobachtungsbögen mit vorgefertigten Fragen dienen als Unterstützung. Ein Lerntagebuch oder Portfolio ermöglicht eine kontinuierliche Dokumentation, so dass eine langfristige Entwicklung festgestellt und dargestellt werden kann.

ZEICHNUNGEN, SZENERIEN, METAPHERN

Ebenfalls können Zeichnungen, Nachstellungen der Szenerien mit Objekten oder auch Subjekten oder die Arbeit mit Metaphern, die Beobachtungen festhalten oder nachstellen oder für die weiteren Phasen der Reflexion herangezogen werden.

Abbildung 6.2: Ausgewählte Feedbacktools (eigene Darstellung)

In *Tabelle 6.1* sind beispielhafte Fragen und Sätze aufgelistet, die Impulse für Feedback geben.

Tabelle 6.1: Mögliche Fragen und Sätzen als Impulse für Feedback

Beispielfragen	**Beispielsätze**
• Was nehme ich heute mit und möchte ich in Zukunft anwenden? • Wo habe ich noch Fragezeichen, ob das in der Praxis so funktioniert? • Was wollte ich noch sagen? • Was brauche ich noch, um das Gehörte in die Praxis umzusetzen?	• Wenn ich an Ihren Unterricht denke, dann... • Interessant fand ich es immer, wenn... • Aufmerksam war ich, als... • Unklar war mir... • Für die nächste Stunde wünsche ich mir... • Besser würde ich finden, wenn...

Feedback und Austausch helfen dabei, blinde Flecken in der Selbstwahrnehmung aufzudecken und neue Perspektiven auf das eigene Handeln zu gewinnen.

Definition

Ein *blinder Fleck* ist ein Verhalten, das wir selbst nicht wirklich wahrnehmen, während es für andere sehr deutlich sichtbar ist. Da andere Menschen uns beobachten und unser Verhalten auswerten, insbesondere in nonverbalen Bereichen wie Gestik, Mimik, Kleidung und Stimme, können sie Aspekte an uns erkennen, die uns selbst verborgen bleiben. Ihre spontanen Urteile und Eindrücke, die sie aufgrund unserer Handlungen und unseres Auftretens bilden und in ihre eigenen Gewohnheiten und Denkweisen einordnen, liefern wertvolle Informationen über unsere Außenwirkung (Stein, 2017).

Wichtige Erkenntnis für den Unterricht

Das Feedback sollte bei der Entgegennahme nicht persönlich genommen werden, da es sich meist um eine subjektive Momentaufnahme handelt, die im vertrauten Umfeld in der Regel gut gemeint ist. Empfehlenswert ist es, aktiv zuzuhören und die*den Gesprächspartner*in ausreden zu lassen, ohne sofort zu widersprechen oder sich zu verteidigen, wobei Nachfragen dem besseren Verständnis dienen kann. Da manches Feedback unangenehm sein kann, ist es ratsam, sich Zeit für die Verarbeitung zu nehmen und aus eigener Sicht abzuwägen, in welchen aufgezeigten Bereichen man sich weiterentwickeln möchte (Schultz von Thun, 2008).

6.4 Wie können Mentoring und Coaching Max Lehmann bei seiner Selbstreflexion weiterhelfen?

Klara: Bei der letzten Konferenz wurde über die Mentor*innen für die neuen Lehrpersonen gesprochen. Hast du bereits Kontakt mit deiner*deinem Mentor*in aufgenommen?
Max: Mir wurde der Name genannt und ich habe meinen ersten Termin nächste Woche! Weißt du wie das abläuft?
Klara: Nun, in der sogenannten Induktionsphase hast du eine*n Mentor*in, die*der dich in deiner fachlichen und persönlichen Entwicklung begleitet, unterstützt und berät.

Klara erläutert Max, dass in der Schule jeder neuen Lehrkraft ein*e Mentor*in zur Seite steht, eine erfahrene Person, die nicht nur bei fachlichen, organisatorischen und unterrichtsplanerischen Fragen Unterstützung bietet, sondern auch die persönliche Entwicklung begleitet. Was bedeutet vor diesem Hintergrund nun Mentoring und Coaching?

Definition

In Homers Epos „Odyssee" überträgt Odysseus während seiner Abwesenheit die Erziehung seines Sohnes Telemachos an seinen Freund Mentor, der die Rolle eines väterlichen Freundes und Ratgebers übernimmt (Graf & Edelkraut, 2017). *Mentor*innen* sind dementsprechend Expert*innen in ihrem Berufsfeld und unterstützen weniger erfahrene Lehrpersonen ganzheitlich beim Aufbau fachlicher Kompetenzen sowie der notwendigen persönlichen und sozialen Qualifikationen. Sie begleiten die Lehrkraft langfristig in ihrer neuen Rolle. *Coaching* ist dabei eine unterstützende Technik, die darauf abzielt, bei der Bewältigung von konkreten, kurzfristigen Problemen und Herausforderungen zu helfen. Methoden wie aktives Zuhören, Fragetechniken und Feedback geben sind essenziell. Die wertschätzende Begleitung durch Mentor*innen hilft, Unsicherheiten zu überwinden und die persönliche sowie berufliche Weiterentwicklung nachhaltig zu fördern. Ähnlich zielt auch Coaching darauf ab, die Leistungsfähigkeit, Resilienz und Arbeitszufriedenheit zu steigern (Draht, 2016).

Es gibt verschiedene Formen des Mentorings, darunter *informelles* und *formelles* Mentoring.

Informelles Mentoring ist eine spontane und ungeplante Form. Es geschieht oft auf natürliche Weise und ohne festgelegte Regeln oder Zeitpläne. Ein Beispiel hierfür ist, wenn eine erfahrene Lehrperson einer neuen Lehrkraft in den Pausen oder nach dem Unterricht Tipps und Ratschläge gibt. Formelles Mentoring hingegen ist strukturiert und organisiert. Es gibt klare Ziele, Zeitpläne und oft auch schriftliche Vereinbarungen über die Schwerpunkte. Die*Der Mentor*in plant und organisiert z. B. das Mentoring in Form einer kollegialen Hospitation (Unternehmensberatung, 2011).

Kernaussage

Coaching-Methoden wie aktives Zuhören und Fragetechniken sind im Mentoring sehr hilfreich. Aktives Zuhören ermöglicht es, die eigenen Bedürfnisse und Herausforderungen besser zu verstehen. Fragetechniken helfen dabei, zur Selbstreflexion anzuregen und verschiedene Perspektiven einzunehmen (Drath, 2016).

Wichtige Erkenntnis für den Unterricht

Für erfolgreiches Mentoring und Coaching sind klare Rahmenbedingungen sowie die pädagogische Haltung der Mentorin bzw. des Mentors von Bedeutung. Die Schule muss das Mentoring unterstützen und passende Räume und Zeiten bereitstellen. Die*Der Mentor*in sollte Erfahrung und Motivation haben, um Wissen weiterzugeben. Eine vertrauensvolle Beziehung und gute Kommunikationsfähigkeiten sind dabei entscheidend (Bartonek & Ziegler, 2019). Für den Unterricht bedeutet das, dass klare Rahmenbedingungen, eine unterstützende Haltung sowie vertrauensvolle Kommunikation entscheidend sind, um Lernprozesse wirksam zu begleiten und individuelle Entwicklung zu fördern.

In *Abbildung 6.3* ist ein möglicher Ablauf eines Mentoring-Programms dargestellt.

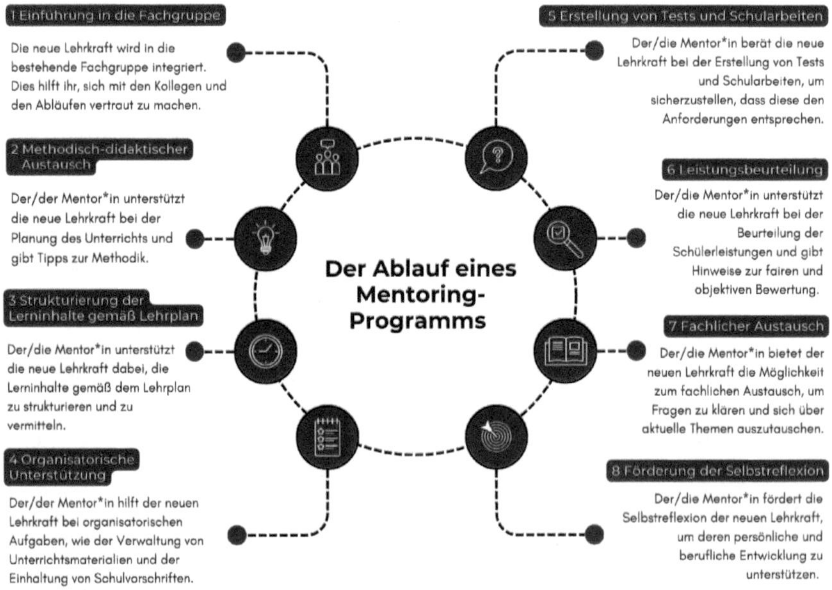

Abbildung 6.3: Möglicher Ablauf eines Mentoring-Programmes (eigene Darstellung)

Beispiel für förderliches Mentoring

Als erfahrene Lehrerin und Mentorin begleitet Elif Yilmaz den neuen Kollegen Max Lehmann. Ihre wöchentlichen Treffen dienen der Besprechung seiner Unterrichtspläne und der Beratung zur Unterrichtsgestaltung, inklusive Feedback zu Methoden. Elif schult Max in administrativen Aufgaben wie der Klassenbuchführung und unterstützt ihn bei der lehrplangerechten Themenauswahl. Durch gelegentliche Unterrichtsbesuche und gezielte Fragen fördert sie seine Selbstreflexion. Zudem findet ein regelmäßiger Austausch über Unterrichtsmethoden und Lernprozessgestaltung statt. Diese fortlaufende Unterstützung stärkt Max' Sicherheit und verbessert seine Lehrkompetenzen.

Tipps: (Kollegiale) Vernetzung und professionelle Weiterentwicklung

1. Fachfremde Personen bieten oft wertvolle Perspektiven auf Ihr pädagogisches Auftreten: Nutzen Sie diesen Austausch, um sich weiterzuentwickeln.
2. Besuchen Sie Weiterbildungen und Fortbildungen an Pädagogischen Hochschulen, um Ihr Wissen zu erweitern und sich mit anderen Teilnehmer*innen zu vernetzen.
3. Nehmen Sie an Treffen von Fachgruppen teil, um sich mit Kolleg*innen auszutauschen und gemeinsam an pädagogischen Konzepten zu arbeiten.

6.5 Welche Herausforderungen und Stolpersteine erwarten Max Lehmann bei der Durchführung eines Reflexionsprozesses mit Mentoring und Feedback?

Max: Ehrlich gesagt, fällt mir Reflexion manchmal echt schwer, ich weiß oft gar nicht, wo ich anfangen soll.
Klara: Das geht vielen so. Fang mit konkreten Situationen an und nutz' eine Methode. Das gibt dir Struktur und hilft, nicht im eigenen Kopf steckenzubleiben.
Max: Und wenn mir dafür einfach die Zeit fehlt?
Klara: Plane fixe Zeiten ein, auch kurze Reflexion braucht keinen Marathon, sondern Regelmäßigkeit.
Max: Und wenn ich im Kollegium kein gutes Feedback bekomme?
Klara: Dann such' dir gezielt Menschen, denen du vertraust. Konstruktives Feedback braucht Offenheit auf beiden Seiten.

Obwohl es zunächst komplex wirken mag, führt jede intensive Reflexion unweigerlich zu einer tieferen Auseinandersetzung mit der eigenen Person und dem beruflichen Umfeld. Dabei können die bereits erläuterten Reflexionsansätze genutzt werden, die sich schon beim Berufseinstieg eignen, um das eigene Selbst und den Unterricht zu erkunden und weiterzuentwickeln. Die Selbstreflexion ist jedoch nicht immer einfach und kann mit verschiedenen Herausforderungen und Stolpersteinen verbunden sein:

Herausforderung 1 – die eigene Person

Viele Berufseinsteiger*innen sehen oft wenige, manchmal aber auch zu viele Reflexionsanlässe und setzen sich nur oberflächlich mit bestimmten Themen auseinander. Mitunter sind die Bedeutung und der Ablauf der Reflexion nicht bekannt, in anderen Fällen wiederum ist die Überzeugung über das eigene Können sehr groß. Fehlende Motivation oder Überforderung können ebenfalls Ursachen sein. Allenfalls steht auch der Selbstschutz im Weg, da man sich natürlich weniger gerne mit seinen „vermeintlichen" Schwächen auseinandersetzen möchte (Rachlinger, 2024).

Tipp: Sehen Sie Reflexion als Entwicklungschance und beginnen Sie mit konkreten Anlässen. Verwenden Sie strukturierte Reflexionsmethoden und -modelle, um den Reflexionsprozess professionell einzusetzen. So können Sie auch Ihre eigene Entwicklung sehen und Ihre Professionalisierung nachvollziehen. Bleiben Sie neugierig und erweitern Sie Ihr Wissen durch Fortbildungen und Literatur. Und scheuen Sie sich nicht vor dem ehrlichen Blick auf die eigene Person.

Herausforderung 2 – die Ressourcen

Wenn Reflexionen aus Zeit- und Energiespargründen verkürzt oder ganz weggelassen werden, führt dies häufig zu einer nicht vorhandenen oder oberflächlichen Auseinandersetzung. Besonders für Berufseinsteiger*innen, die sich noch in der Orientierungsphase befinden und ihre Unterrichtspraxis aufbauen, ist dieser Zeitdruck belastend. Die Vielzahl neuer Aufgaben und Herausforderungen lässt wenig Raum für eine tiefgehende Reflexion (Rachlinger, 2024).

Tipp: Regelmäßigkeit einplanen: fixe Termine, fixe Zielerreichung, fixe Gesprächspartner*innen. Warten Sie nicht zu lange, um Erinnerungen festzuhalten, das Gehirn füllt Erinnerungslücken mit dem Angenehmsten oder Wahrscheinlichsten.

Herausforderung 3 – das soziale Umfeld

Manchmal werden bei reflektiven Gesprächen mit anderen Personen negative Erfahrungen gemacht, einerseits, weil man eine andere Sicht auf die Ereignisse hat, andererseits, weil man sich durch die Perspektive des anderen persönlich angegriffen fühlt. Insbesondere wenn man sehr kritisch beäugt wird, abgewertet wird oder auch sensible Informationen an Dritte weitergegeben werden, zweifelt man an der Sinnhaftigkeit der Reflexionsgespräche. Dies kann entmutigend wirken (Rachlinger, 2024).

Tipp: Die Suche und das Aufbauen eines vertrauensvollen sowie ehrlichen Umfelds kann schwierig sein und Zeit in Anspruch nehmen. Allerdings kann durch eine angenehme und offene Art der Kommunikation von beiden Seiten, v. a. durch das Vertrauen zueinander eine kritische Stellungnahme beim Geben und Nehmen von Feedback besser angenommen werden. Dies bedeutet allerdings auch, selbst offen für kritische Wahrnehmung anderer zu sein.

6.6 Wie kann sich Max Lehmann die praktische Umsetzung eines Reflexionszyklus und die Einbindung von Mentoring und Feedback vorstellen?

Max: Ich komm' bei der Auswertung meiner Stunde nicht wirklich weiter.
Klara: Sprich doch mal mit Elif Yilmaz, deiner Mentorin. Ein Blick von außen hilft dir sicher dabei, Klarheit zu gewinnen.

Das folgende Praxisbeispiel zeigt, wie man Reflexion mit Feedback und/oder Mentoring durchführen kann. Zu Beginn eines Reflexionsprozesses wird ein individuelles Problem oder eine persönliche Herausforderung erkannt und benannt, wie z. B. mangelnde Schüler*innenmotivation, heterogene Leistungsniveaus, Verhaltensauffälligkeiten, Sprachbarrieren, technische Schwierigkeiten, Zeitmanagementprobleme, fehlende Ressourcen, Schwierigkeiten bei der Zielerreichung von Unterrichtseinheiten, Überprüfung von Methoden auf ihre Effektivität, Überprüfung von Materialien auf ihre Effektivität oder Überprüfung von Schüler*innenmitarbeit bei großen Klassen. Dies schafft den Anlass zum Reflektieren.

Tipps: Vorgangsweise bei der praktischen Umsetzung eines Reflexionszyklus

1. Formulieren Sie eine klare Fragestellung zu dieser Herausforderung, die Sie im Laufe der Reflexion beantworten möchten.
2. Planen und führen Sie Ihren Unterricht durch.
3. Holen Sie konstruktives Feedback von Ihren Schüler*innen ein. Dies kann durch anonyme Feedbackbögen oder andere Methoden erfolgen, die Einblick in die Wahrnehmung der Lernenden geben.

4. Nutzen Sie verschiedene Methoden zur Erfassung der beobachteten Aktionen und Reaktionen, wie Memos, Notizen und Bilder oder die Analyse von vorhandenen Dokumenten (Feedbackbogen, Schüler*innenabgaben etc.).
5. Betrachten Sie die Informationen, die Sie dokumentiert haben, aus Ihrer Sicht und der Sicht Ihrer Schüler*innen. Versuchen Sie dabei herauszufinden, was gut und was schlecht funktioniert hat, und analysieren Sie die Ursachen.
6. Suchen Sie danach den Austausch mit erfahrenen Kolleg*innen, um weitere Perspektiven und Anregungen zu erhalten. Formulieren Sie gemeinsam Ziele oder Handlungsalternativen für die nächste Planung oder direkt für den Unterricht.
7. Nutzen Sie die Expertise eines Coaches bei spezifischen Herausforderungen, wie z. B. Konfliktmanagement.
8. Von den Erkenntnissen zu Ihrer Herausforderung ausgehend, können Sie für den nächsten Unterricht Handlungsalternativen formulieren, indem Sie eigene Ideen nutzen, die Erfahrungen anderer berücksichtigen und sich durch Fachliteratur informieren.
9. Denken Sie ans Ausprobieren Ihrer Handlungsalternativen und geben Sie nicht auf, wenn sich der Erfolg nicht sofort einstellt.

Fallbeispiel 6.2: Illustration der Umsetzung von Reflexionsprozessen

Max Lehmann stand nach der beunruhigenden Bemerkung der Schülerin nachdenklich im leeren Klassenzimmer. Er beschloss, seine Unsicherheit mit Kollegin Schmidt zu besprechen. Ihre ermutigenden Worte und der Rat, die nächste Stunde bewusst zu beobachten, Feedback einzuholen, die Ergebnisse systematisch zu analysieren und zu bewerten, gaben ihm neue Impulse für die Setzung von Handlungsalternativen. In der folgenden Stunde nutzte Max Lehmann anonyme Feedbackzettel, um die Wahrnehmung seiner Schüler*innen zu erfassen. Die Rückmeldungen zeigten ihm, dass sein strukturierter Ansatz nicht alle erreichte und dass sich einige Schüler*innen mehr Abwechslung wünschten. Dies bestärkte ihn, seine Unterrichtsmethoden zu überdenken. Er erinnerte sich an das Gespräch mit seiner Mentorin Elif Yilmaz und nahm sich vor, in Zukunft aktivere Lernmethoden und Aufgaben einzusetzen. Die negative Rückmeldung war zwar zunächst ein Schock, doch sie wurde für Max Lehmann zu einem wichtigen Anstoß für seine professionelle Weiterentwicklung durch systematische Reflexion.

Zusammenfassung

Selbstreflexion ist ein individueller Prozess und bildet die Grundlage für das Erkennen von Entwicklungsbereichen. Sie beinhaltet das bewusste Nachdenken über eigene Gedanken, Handlungen und Gefühle. Mentoring bietet dabei langfristige Begleitung und Unterstützung, während Coaching bei spezifischen Herausforderungen kurzfristige Lösungen ermöglichen kann. Feedback und

Austausch liefern externe Perspektiven und helfen, blinde Flecken zu erkennen, um das Selbstbild zu erweitern. Der bewusste Einsatz von reflexiven Zyklen ermöglicht es, eigene Kompetenzen kontinuierlich zu erweitern, die Unterrichtspraxis zu verbessern und damit die berufliche Professionalisierung im pädagogischen Bereich voranzutreiben.

Literaturtipps

Die folgende Literatur bietet detaillierte Informationen über Selbstwahrnehmung, Grundhaltung und das Thema Reflexion:

1. Wedewart, L. & Cantzler, A. (2022). *Sich seiner Selbst bewusst sein. Biografische Selbstreflexion*. Herder.

Für Feedbackmethoden, Mentoring und Coaching bieten die folgenden Bücher detaillierte Informationen und weitere Ideen:

2. Thömmes, A. (2022). *Die 200 besten Unterrichtsmethoden für die Sekundarstufe, bewährte Ideen für jede Gelegenheit*. Verlag an der Ruhr.
3. Drath, K. (2016). *Coaching Techniken*. Haufe.
4. Niggli, A. (2005). *Unterrichtsbesprechung im Mentoring*. Sauerländer.

Literatur

Anderson, J. R. (2007). Kognitive Psychologie. Deutsche Ausgabe hrsg. v. J. Funke. Springer VS.

Bartonek, S. & Ziegler, V. (2019). *Tutoring und Coaching als Methoden des Mentorings beim Berufseinstieg von Lehrpersonen. Tagungsbericht: Schulpraxis im internationalen Vergleich*. Pädagogische Hochschule Niederösterreich.

Bastian, J., Combe, A. & Langer, L. (2007). *Feedback-Methoden. Erprobte Konzepte, evaluierte Erfahrungen*. Beltz.

Drath, K. (2016). *Coaching Techniken*. Haufe.

Dweck, C. (2007). *Selbstbild: Wie unser Denken Erfolge oder Niederlagen bewirkt*. Campus.

Felder, E. (2003). Sprache als Medium und Gegenstand des Unterrichts. In U. Bredel, H. Günther, P. Klotz, J. Ossner & G. Siebert-Ott (Hrsg.), *Didaktik der deutschen Sprache: Ein Handbuch* (S. 42–51). Schöningh und Fink.

Joseph, S. (2006). *Person-centered coaching psychology: A meta-theoretical perspective*. International Coaching Psychology Review.

Korthagen, F. & Nuijten, E. (2022). *The Power of Reflection in Teacher Education and Professional Developement*. Routledge. https://doi.org/10.4324/9781003221470

LIA (2018). *Reflexionskompetenz fördern. Reflexion und Reflexionskompetenz in der Lehrerbildung*. Landesinstitut für Lehrerbildung und Schulentwicklung Hamburg. https://www.li.hamburg.de/lia

Lippman, E. (2013). Methoden im Coaching. In E. Lippman (Hrsg.), *Coaching: Angewandte Psychologie für die Beratungspraxis*. Springer.

Mummendey, H. (2006). *Psychologie des „Selbst"*. Hofgrefe.

Rachlinger, P. (2024). *Der forschende Blick auf sich selbst (Masterarbeit).* Pädagogische Hochschule Wien.

Schulz von Thun, F. (2008). *Störungen und Klärungen. Allgemeine Psychologie der Kommunikation. Miteinander reden* 1. Rowohlt.

Schynkar, M. (2022). Psychologische Bereitschaft als Synthese interpretierter funktioneller und persönlicher Züge, Eigenschaften und Stände Persönlichkeiten. *Scientific Journal of Polonia University* (51), 306–314. https://doi.org/10.23856/5136

Stein, M. (2017). *Allgemeine Pädagogik.* Ernst-Reinhardt-Verlag.

Thömmes, A. (2022). *Die 200 besten Unterrichtsmethoden für die Sekundarstufe, bewährte Ideen für jede Gelegenheit.* Verlag an der Ruhr.

Tisdale, T. (1998). *Selbstreflexion, Bewußtsein und Handlungsregulation.* Psychologie Verlags Union.

Unternehmensberatung BAB GmbH (2011). *Handbuch Mentoring: Grundlagen des*

Mentorings. Wissenswertes für Mentorinnen und Mentoren. Graz: Unternehmensberatung BAB GmbH.

Service-Angebote der Kammer für Arbeiter und Angestellte für Wien

Martina Aicher

Unter der Dachmarke „Arbeitswelt und Schule" bietet die Kammer für Arbeiter und Angestellte für Wien ein umfangreiches Angebot für Pädagog*innen, Schüler*innen und Multiplikator*innen, das in diesem Serviceteil überblicksmäßig vorgestellt wird. Sämtliche Printprodukte (Unterrichtsmaterialien, Informationsmaterial, Broschüren) sind über unsere Homepage (vgl. *Abbildung 1*) jederzeit bundesweit verfügbar.

Abbildung 1: QR-Code zur Website „Arbeitswelt und Schule" der Arbeiterkammer Wien (https://wien.arbeiterkammer.at/aws)

Darüber hinaus gibt es bei den Arbeiterkammern vor Ort in den Bundesländern ein vielfältiges Programm zur Unterstützung von Pädagog*innen. Diese Angebote sind über die Länderportale der Arbeiterkammern abrufbar und buchbar.

Generell sind alle Formate und Materialien so konzipiert, dass sie den Unterricht sinnvoll begleiten, ergänzen oder thematischer erweitern. Sie sind für Pädagog*innen wie Schüler*innen niederschwellig zugängig und (fast immer) kostenfrei. Es gibt Angebote für alle Schultypen und Schulstufen, allerdings richtet sich der Großteil an Schüler*innen ab der 7. Schulstufe bis hin zur Matura.

Wie sieht das Angebot im Überblick aus?

- Workshops und Planspiele
- Unterrichtmaterialien & Stundenvorbereitungen
- Berufsinteressentool AK Jopsy
- Informationsmaterialien & Broschüren
- Veranstaltungen & Messen

Die inhaltlichen Schwerpunkte liegen dabei auf der Wirtschafts- und Finanzbildung, der Bildungs- und Berufswahl, der rechtlichen Grund- und Verbraucher*innenbildung sowie der Politischen Bildung.

Workshops und Planspiele

Planspiele – Sozioökonomie und Wirtschaftsbildung

Planspiele vermitteln jungen Menschen auf spielerische Weise Fachwissen und stärken ihre sozialen Fähigkeiten. So macht das *Planspiel Nachhaltigkeit* das komplexe Zusammenspiel zwischen Wirtschaft, Umwelt und Gesellschaft für die Jugendlichen greifbar, indem sie in Kleingruppen ihre eigenen Staaten gründen, in denen produziert, konsumiert und gelebt wird – mit allem, was damit einhergeht. Ziel dieses Planspiels ist es, durch ambitionierte Umweltpolitik, sinnvolle Investitionen und faire gesellschaftspolitische Rahmenbedingungen eine positive Nachhaltigkeitsbilanz zu erreichen.

Im *Planspiel Sozialstaat* schlüpfen die Schüler*innen in die Rollen von Arbeitnehmer*innen zur Zeit der industriellen Revolution. Ziel des Spiels ist es, die eigene Position gegenüber den Arbeitgeber*innen zu stärken und gemeinsam eine Verbesserung der Lebensrealität zu erreichen. Im *Planspiel Wirtschaft* erleben die Schüler*innen wirtschaftliche Abläufe hautnah. Sie übernehmen die Rollen von Arbeitnehmer*innen, Unternehmer*innen bzw. der Regierung. Gemeinsam werden betriebs- und volkswirtschaftliche Ziele erarbeitet und miteinander verknüpft.

Alle Planspiele sind kostenlos, für Wiener Schulen ab der 8. Schulstufe buchbar, dauern fünf Stunden und finden im AK Workshopzentrum Rennweg statt. Die Anmeldung läuft über eine Onlineplattform (vgl. *Abbildung 2*), mehr Details und Infos finden sich auf der Homepage unter https://wien.arbeiterkammer.at/aws.

Abbildung 2: QR-Code zum Onlineanmeldesystem der Arbeiterkammer Wien (https://aws.arbeiterkammer.at/start)

Workshops zur Berufsorientierung und Bewerbung

(https://wien.arbeiterkammer.at/beratung/bildung/arbeitsweltundschule/workshops/berufsorientierung.html)

Bei den *Bewerbungstrainings* erarbeiten die Jugendlichen durch interaktive Übungen, Gruppenchallenges und Einzelaufgaben, worauf es in Bewerbungssituationen ankommt. Beim abschließenden Rollenspiel bzw. Bewerbungsgespräch schlüpfen sie dann selbst in die Rolle der Bewerber*innen, können sich in einem geschützten Rahmen ausprobieren und Tipps für anstehende Bewerbungssituationen holen. Das *Trainings-Assessment-Center* versetzt die Jugendlichen realitätsnah in diese beobachtete Auswahlverfahren und bietet ihnen die Möglichkeit, typische Assessment-Center-Übungen auszuprobieren, um sich selbst besser einschätzen zu können.

Bei *Wohin nach der Matura?* geht es für die angehenden Maturierenden darum, alle Wege kennen zu lernen, die ihnen nach der Reifeprüfung offenstehen; als Einstieg besuchen die Klassen die Universität Wien, der Workshop selbst findet in der uninahen FAKTory (https://faktory.at/start) statt.

Das sowohl sprachlich als auch inhaltlich besonders niederschwellige Angebot zu diesem Themabereich ist der dreistündige *Stärkenworkshop*, dessen Ziel es ist, dass sich die Schüler*innen ihrer Fähigkeiten bewusst werden und diese beschreiben und anderen überzeugend vermitteln können. Mehr Details wie die Buchungsmöglichkeit finden sich unter *Berufsorientierung und Bewerbung* der Arbeiterkammer Wien unter https://wien.arbeiterkammer.at/beratung/bildung/arbeitsweltundschule/workshops/berufsorientierung.html.

Politische Bildung

(https://wien.arbeiterkammer.at/beratung/bildung/arbeitsweltundschule/workshops/politischebildung.html)

Die vier Formate im Bereich der Politischen Bildung finden vor Ort in der Schule statt. Die Trainer*innen kommen also für diese Angebote, die zwischen zwei und drei Unterrichtseinheiten dauern, direkt in die Klasse. *Gemeinsam sind wir stark* thematisiert die Entwicklung der Gewerkschaftsbewegung und Sozialpartnerschaft. In einem Rollenspiel arbeiten die Schüler*innen in einer Schiffsfabrik und lernen, sich für gemeinsame Ziele einzusetzen.

Bei *Demokratie und Partizipation* werden Fragen nach demokratischer Teilhabe und gesellschaftspolitischer Mitsprache behandelt, *Vielfalt statt Einfalt* geht auf Basis der Erlebnis- und Erfahrungswelt der Jugendlichen auf Themen wie Vorurteile, Diskriminierung und Rassismus ein. Dabei geht es vor allem darum, eigene Handlungsspielräume auszuloten und zu erkennen. Und bei *One Up*

Island, einem *kollaborativen Multiplayer-Spiel*, versuchen die Schüler*innen, sich bessere Lebens- und Arbeitsbedingungen zu erspielen. Die im Spiel verpackten historischen und realpolitischen Bezüge werden den Schüler*innen begleitend von den Trainer*innen vermittelt.

Jugend und Recht

Dieser Themenbereich des Angebotsportfolios soll dazu beitragen, dass die Jugendlichen zu mündigen Konsument*innen heranwachsen bzw. sich ihrer Rechte und Pflichten bewusst werden. Bei *Jugendliche als Konsument*innen* liegt der Schwerpunkt auf Verträgen, Konsumentenschutz und Kaufabwicklungen jeder Art. Details sind unter https://wien.arbeiterkammer.at/beratung/bildung/arbeitsweltundschule/workshops/Konsumentinnen.html zu finden.

Check up Lehre erklärt die wichtigsten arbeitsrechtlichen Bestimmungen rund um das Lehrverhältnis und beim Workshop *Pflichtpraktikum* erhalten die Schüler*innen nützliche Tipps fürs Praktikum, anhand von Fallgeschichten wird außerdem die Rechtslage zu Themen wie Arbeitszeit, Krankenstand oder Unfällen am Arbeitsplatz erörtert. Details sind unter https://wien.arbeiterkammer.at/beratung/bildung/arbeitsweltundschule/workshops/Check-Up_Lehre.html zu finden.

Unterrichtsmaterialien und Stundenvorbereitungen

Neben dem umfangreichen Workshopangebot sind praxistaugliche Unterlagen für die professionelle Unterrichtsgestaltung der zweite große Pfeiler des Angebots der Arbeiterkammer Wien. Hier sollen beispielhaft einige Unterrichtsmaterialien kurz beschrieben werden, das gesamte Angebot findet man unter Unterrichtsmaterialien der Arbeiterkammer Wien (vgl. *Abbildung* 3).

Abbildung 3: QR-Code zu den Unterrichtsmaterialien der Arbeiterkammer Wien (https://wien.arbeiterkammer.at/beratung/bildung/arbeitsweltundschule/unterrichtsmaterial/index.html)

Auch für die Materialien gilt zum überwiegenden Teil die Fokussierung auf die erwähnten Themenbereiche:

Wirtschaftsbildung / sozioökonomische Bildung

Wirtschaft begreifen enthält 68 praxiserprobte, qualitätsgesicherte Lehr-Lern-Arrangements, die von Lehrkräften gemeinsam mit Fachdidaktiker*innen entwickelt wurden. Die Materialien für die Sekundarstufe sind inklusive aller notwendigen Druckvorlagen kostenlos downloadbar bzw. auch als Druckversion bestellbar.

Das Handbuch *Wirtschaft spielend lernen* richtet sich an Anfänger*innen und Profis. Es enthält von einfachen Spielen (z. B. Karten- und Brettspiele) und Experimenten bis hin zu komplexen (digitalen) Experimenten und Planspielen und digitalen Tools zur individuellen Spieleentwicklung viele Inputs und Anregungen für einen abwechslungsreichen und spannenden Unterricht.

Politische Bildung

Misch dich ein! enthält eine Sammlung lebensweltnaher und schüler*innen-orientierter Unterrichtsbeispiele für die Politische Bildung. Die Materialien sind sowohl für die Mittelschule und AHS-Unterstufe als auch für höhere Schulstufen geeignet.

Auch das Unterrichtsmaterial *Vorbereitet in die Arbeitswelt* enthält fertige und sofort einsetzbare Stundenvorbereitungen. Dabei geht es um die praxisorientierte Verdeutlichung von Rechten am Arbeitsplatz.

Hingewiesen soll auch auf den *Podcast Richtig & Falsch* werden, einen Podcast, der mit Unterstützung der Arbeiterkammer vom *Zentrum Polis – Politik lernen in der Schule* produziert wird. Bei *Richtig & Falsch* werden gesellschaftliche Kontroversen aufgegriffen, die auch im Klassenzimmer bewegen und polarisieren. Pädagog*innen werden ermutigt, eigene Erfahrungen zu diskutieren, voneinander und miteinander zu lernen. Alle Folgen sind unter https://www.politik-lernen.at/richtigundfalsch abrufbar.

Bildungs- und Berufswahl

Das *Praxishandbuch Technik.Design.Werken* enthält 26 detailliert beschriebene und erprobte Stundenvorbereitungen und Inspirationen für den Unterricht in Technik & Design. Die Unterrichtsbeispiele werden von 14 Testimonials begleitet, die die Relevanz von Technik & Design in der Berufs- und Arbeitswelt untermauern und Ideen zur Bildungs- und Berufswahlorientierung liefern.

Die *Portfoliomappe Schritt für Schritt zum Wunschberuf* begleitet Schüler*innen ab der 7. Schulstufe durch den gesamten Prozess der Bildungs- und Berufswahl – und zwar von den ersten Überlegungen über Stärken und Fähigkeiten bis hin zu den konkreten Schritten im Bewerbungsprozess und der Vorbereitung auf ein Bewerbungsgespräch. Die Mappe ist kostenlos in Klassenstärke bestellbar.

Jopsy – ein Interessentool zur Unterstützung der Bildungs- und Berufswahl

„Jopsy" ist ein bildbasiertes Berufsinteressentool, das als App und als Webversion zur Verfügung steht. „Jopsy" wurde entwickelt, um einen schnellen und niederschwelligen Einstieg in das Thema Bildungs- und Berufswahl zu ermöglichen. Da es mithilfe dieses Tools nur ca. fünf Minuten dauert, um ein individuelles Interessenprofil inklusive passender Berufsvorschläge zu erstellen, ist es sowohl für den Einsatz in der Klasse als auch im Einzelsetting geeignet. Dabei liefert „Jopsy" wissenschaftlich valide Ergebnisse, die im besten Fall die Schüler*innen dazu motiviert, sich mit der eigenen Bildungs- und Berufswahl auseinanderzusetzen. Besonders die Berufsvorschläge (jeder der Berufe wird zusätzlich kurz erklärt) liefern den Jugendlichen und jungen Erwachsenen die Basis für weitere Recherchen.

Ergänzend zum eigentlichen Tool enthält „Jopsy" jugendgerechte Erklärvideos zu den sechs Interessentypen; unter dem Menüpunkt „Zu den Angeboten" finden sich die bundesland-spezifischen Informationen und Links zum Thema Bildungs- und Berufswahl (vgl. https://www.jopsy.at/).

Informationsmaterialien & Broschüren

Neben den didaktisch aufbereiteten Unterrichtsmaterialien gibt die Arbeiterkammer auch eine Reihe von Broschüren, Informationsmaterialien und Ratgebern heraus, die in unterschiedlichen Kontexten relevant für den Unterricht sind. Hier nur eine kleine, repräsentative Auswahl jener Titel, die sich im Einsatz im Unterricht bewährt haben, wieder nach Themenbereichen geordnet:

Jugend und Recht

Für angehende Lehrlinge bietet die Broschüre *Dein Recht als Lehrling* kompakt die wichtigsten Infos über ihre Rechte und Pflichten in einem Lehrverhältnis (vgl. https://wien.arbeiterkammer.at/akyoung-lehre), noch tiefergehende Informationen bietet der Ratgeber *Ausbildung Lehre* (vgl. https://wien.arbeiterkammer.at/service/broschueren/Bildung/Ausbildung_Lehre.html).

Zur Lehre gibt es auch zwei jugendgerechte Erklärvideos, und zwar zu den Themen, was man in einer Lehre lernen muss und was man bei einem Lehrstellenwechsel beachten muss:

Lehre: Was muss ich lernen? unter https://www.arbeiterkammer.at/service/videos/ak_young/Lehre_Was_muss_ich_lernen.html bzw. *Lehrbetrieb wechseln? Das musst du beachten!* Unter https://www.arbeiterkammer.at/service/videos/ak_young/Lehrbetrieb_wechseln_Das_musst_du_beachten.html.

Für Jugendliche, die im Rahmen ihrer Ausbildung ein *Pflichtpraktikum* absolvieren müssen, gibt es ebenfalls eine Broschüre mit allem Wissenswerten dazu (vgl. https://wien.arbeiterkammer.at/pflichtpraktikum).

Bildungs- und Berufswahl

Einen Überblick über alle Unterstützer*innen bei Fragen zur Bildungs- und Berufswahl bietet *Wer hilft dir weiter?* (vgl. https://wien.arbeiterkammer.at/berufswahl-best2021), auf konkrete Bewerbungssituationen bereitet die Broschüre *Erfolgreich bewerben* (vgl. https://wien.arbeiterkammer.at/bewerbungstipps-best2021) vor.

Eine besondere Herausforderung für Pädagog*innen stellt immer wieder die Elternarbeit dar, besonders auch für und mit Erziehungsberechtigten, die nicht im österreichischen Schulsystem sozialisiert wurden und oft nicht ausreichend über die Rahmenbedingungen, die verschiedenen Schultypen und ihre Unterschiede bzw. ganz generell über die Möglichkeiten für ihr Kind informiert sind. Ein wenig Abhilfe schaffen können Erklärvideos zum österreichischen Schulsystem und FAQs zu Schule und Lehre, die in acht Sprachen (Ukrainisch, Russisch, Arabisch, Farsi/Dari, Türkisch, BKS, Englisch und Deutsch) abrufbar sind. Die Inhalte der Videos stehen zusätzlich in der jeweiligen Sprache auch als Downloads bzw. Handouts zur Verfügung (vgl. Mehrsprachige Bildungsinfos unter https://www.arbeiterkammer.at/service/videos/bildung/bildungsinfos/index.html).

Veranstaltungen & Messen

Neben den ständigen Angeboten für Pädagog*innen und Schulklassen gibt es im Jahresverlauf unterschiedliche Veranstaltungen. Dabei reicht das Spektrum von Informationsveranstaltungen, Fachtagungen bis hin zu mehrtägigen Messen. Erwähnt seien an dieser Stelle die Bildungs- und Berufsinformationsmesse *Wohin mit 14?* (vgl. https://www.l14.at/), die jährlich im November stattfindet und alle Möglichkeiten aufzeigt, die den Schüler*innen nach der 8. Schulstufe offenstehen, sowie die Kooperationsveranstaltung *Schule braucht Partner*innen*, die die Vernetzung von Pädagog*innen mit außerschulischen Partner*innen fördert (vgl. https://www.wienxtra.at/schulevents/event/2158/). Einen Überblick über alle anstehenden Veranstaltungen findet sich unter https://wien.arbeiterkammer.at/veranstaltungen, über den Newsletter (vgl. Anmeldung unter https://wien.arbeiterkammer.at/aws) erhält man regelmäßig (ca. acht Mal im Jahr) Einladungen zu speziell für Pädagog*innen relevanten Veranstaltungen und Aktionen.

Angebote der Arbeiterkammern in den Bundesländern

Abschließend sei darauf hingewiesen, dass die Arbeiterkammer in jedem Bundesland Angebote für Pädagog*innen und Schüler*innen anbietet, fördert oder unterstützt. Es lohnt sich also, auf der Homepage der jeweiligen Länderkammer zu schmökern bzw. bei Interesse Kontakt mit den Zuständigen aufzunehmen.

Autor*innen

AICHER Martina, Dr.[in], ist seit 2018 Referentin in der Abteilung für Bildungspolitik und Lehrausbildung der Arbeiterkammer Wien. Ihr Schwerpunkt liegt auf der Entwicklung und Betreuung von Angeboten zur Bildungs- und Berufswahlunterstützung für Jugendliche sowie der interessenpolitischen Arbeit zu Bildungs- und Berufswahl.

ALBERT, Sabine, Mag.[a] Dr.[in], BEd, MA, ist Hochschulprofessorin für Berufsbildung mit Schwerpunkt Diversität. Ihre Arbeitsschwerpunkte sind pädagogische und didaktische Themen mit Fokus auf Heterogenität und Inklusion.

BAUER, Reinhard, HS-Prof. Mag. Dr., MA, ist ein Experte für Didaktisches Design und Bildungstechnologien. Er ist Hochschulprofessor für Unterrichtswissenschaften an der Pädagogischen Hochschule Wien und leitet dort das Institut Sekundarstufe Berufsbildung.

HOFBAUER, Gabriela, Mag.[a], ist Hochschullehrperson am Institut für Sekundarstufe Berufsbildung an der Pädagogischen Hochschule Wien und leitet die Studienprogramme Erziehung, Bildung und Entwicklungsbegleitung sowie Soziales. Ihre Arbeitsschwerpunkte sind Reformpädagogik, Didaktik, pädagogische Grundlagen sowie Mentoring, Coaching und Praxisbegleitung in der Fachpraxis.

LANG, Charlotte, Dipl.-Päd.[in] Mag.[a] Dr.[in], lehrt am Institut Sekundarstufe Berufsbildung an der Pädagogischen Hochschule Wien. Ihr pädagogisches Handeln basiert auf Chancengleichheit, Diversität und der Freude am Lernen.

LEITNER, Gabriela B., HS-Prof.[in] Dr.[in], hat eine Hochschulprofessur für Ernährungsdidaktik an der Pädagogischen Hochschule Wien, Institut für Sekundarstufe Berufsbildung, mit den Schwerpunkten epistemologische, ethische, soziokulturelle und gesellschaftspolitische Ansätze der Ernährungsbildung.

MENNER, Sandra, Mag.[a], BEd., ist Mitarbeiterin am Institut Sekundarstufe Berufsbildung an der Pädagogischen Hochschule Wien. Ihre fachlichen Schwerpunkte liegen in den bildungswissenschaftlichen Grundlagen, der Fachdidaktik und Diversität in der beruflichen Bildung (Schwerpunkt: Berufsschulen).

PAHR-GOLD, Petra, BEd, MA, ist Hochschullehrperson am Institut Sekundarstufe Berufsbildung an der Pädagogischen Hochschule Wien und leitet die Studienprogramme Duale Berufsbildung sowie Technik und Gewerbe und das Erweiterungsstudium Fächerbündelwechsel Fachtheorie <-> Fachpraxis.

PREITLER, Peter, Ing. Mag. (FH), BEd., ist Hochschullehrer am Institut Sekundarstufe Berufsbildung an der Pädagogischen Hochschule Wien mit fachlichem Schwerpunkt Fachdidaktik, Wirtschaft und Methodik und arbeitet als Schulentwicklungsberater mit Fokus auf berufsbildende Schulen.

PURGAJ, Jure, HS-Prof. Mag. Dr., ist Designer und Designforscher. Er ist Hochschulprofessor für Fachdidaktik in Mode und Design am Institut Sekundarstufe Berufsbildung an der Pädagogischen Hochschule Wien, leitet als Studienprogrammleiter das Masterstudium „Modemanagement" und forscht zu innovativen Ansätzen der Designvermittlung.

RACHLINGER, Petra, Mst.^{in}, BEd, MEd, ist Bachelor-Studienprogrammleiterin für Mode und Design an der Pädagogischen Hochschule Wien. Ihre Expertise umfasst die bildungsorientierte Entwicklung und Realisierung von Modekonzepten sowie die Begleitung des Theorie-Praxis-Transfers mit Schwerpunkt Reflexion.

RAITH, Anna, Mag.^{a}, ist Teamleiterin für Berufs- und Erwachsenenbildung an der Arbeiterkammer Wien.

REITBRECHT, Sandra, Dr.^{in}, ist Hochschullehrperson an der Pädagogischen Hochschule Wien sowie Projektmitarbeiterin an der Universität Graz. Ihre Schwerpunkte in Forschung und Lehre liegen in den Bereichen Deutsch als Zweit-/Fremdsprache und Sprachliche Bildung.